高职高专土建类建筑工程技术专业课程试题库

建筑工程安全技术试题库

主 编 吴 瑞
副主编 杨建国 田 如

中国水利水电出版社
www.waterpub.com.cn

内 容 提 要

本书是在建筑工程技术专业人才培养方案和"建筑工程安全技术"课程标准的指导下，结合高职高专教育特点，以国家现行规程规范为依据编制的。本试题库共包括11章内容，分别是：建筑工程基础知识，建设工程安全相关法律法规，建筑施工安全管理体制，施工现场安全管理，土方工程，脚手架工程，模板工程，主体工程，建筑施工现场的防火防爆，拆除工程，建筑施工主要防护用品。并在书后附试题答案。

本书可作为高职高专院校、高等专科学校、成人教育学院的建筑工程技术、建筑工程管理等专业教学参考用书，满足职业教育双证制的要求，也可供广大专业技术人员作为职业资格考试的参考书。

图书在版编目（CIP）数据

建筑工程安全技术试题库 / 吴瑞主编. -- 北京：中国水利水电出版社，2014.5(2025.1重印).
高职高专土建类建筑工程技术专业课程试题库
ISBN 978-7-5170-2018-9

Ⅰ．①建… Ⅱ．①吴… Ⅲ．①建筑工程－工程施工－安全技术－高等职业教育－习题集 Ⅳ．①TU714-44

中国版本图书馆CIP数据核字(2014)第097719号

书　　名	高职高专土建类建筑工程技术专业课程试题库 **建筑工程安全技术试题库**
作　　者	主编　吴瑞　副主编　杨建国　田如
出版发行	中国水利水电出版社 （北京市海淀区玉渊潭南路1号D座　100038） 网址：www.waterpub.com.cn E-mail：sales@mwr.gov.cn 电话：（010）68545888（营销中心）
经　　售	北京科水图书销售有限公司 电话：（010）68545874、63202643 全国各地新华书店和相关出版物销售网点
排　　版	中国水利水电出版社微机排版中心
印　　刷	天津嘉恒印务有限公司
规　　格	184mm×260mm　16开本　11.75印张　279千字
版　　次	2014年5月第1版　2025年1月第4次印刷
印　　数	5151—7150册
定　　价	**45.00元**

凡购买我社图书，如有缺页、倒页、脱页的，本社营销中心负责调换

版权所有·侵权必究

前　言

为了实现高职高专理论教学考核方式改革，适应无纸化计算机考试的要求，满足学生期末复习应考的需要，帮助学生在学习过程中进行练习和自我检测，强化训练，从而顺利通过考试，本专业改革与指导委员会组织专业骨干教师和教学精英编写了这套《高职高专土建类建筑工程技术专业课程试题库》。本套书共 18 册，涵盖了建筑工程技术以及建筑工程管理专业的全部课程的理论教学内容，分别为：

《工程测量试题库》
《建筑材料试题库》
《工程 CAD 试题库》
《工程力学试题库》
《建筑构造试题库》
《工程制图试题库》
《土力学与地基基础试题库》
《钢筋混凝土结构试题库》
《钢结构试题库》
《建筑设备试题库》
《建筑工程施工技术试题库》
《建筑工程施工组织试题库》
《建筑工程计量与计价试题库》
《建筑工程项目管理试题库》
《工程监理试题库》
《建筑工程安全技术试题库》
《建筑工程法律与法规试题库》
《工程招投标与合同管理试题库》

本套题库是在建筑工程技术专业人才培养方案和对应课程标准的指导下，以建筑工程技术专业系列教材和国家现行规程规范为依据编制的，与本专业对应的国家各类职业资格考试相结合，既紧扣教材本身，又不局限于书本；题库题量大，覆盖面广，题目构思精巧，答案准确唯一；采用主观题客观化的方法命题，突出实用性和应用性。

本套题库可作为高职高专院校、高等专科学校、成人教育学院的建筑工程技术、建筑工程管理等专业教学参考用书，满足职业教育双证制的要求，也可供广大专业技术人员作为职业资格考试的参考书。

《建筑工程安全技术试题库》由安徽水利水电职业技术学院吴瑞主编，吴瑞编写第一章、第七章、第八章；杨建国编写第二章、第四章、第九章、第十章；田如编写第三章、第五章、第六章、第十一章。

本书由安徽水利水电职业技术学院和安徽水利开发股份有限公司共同开发，在编写过程中，得到了安徽水利开发股份有限公司的大力支持，在此一并表示感谢。限于作者理论水平和实践经验有限，书中难免存在不妥之处，恳请广大读者和同行专家批评指正。

编者

2014 年 4 月

目 录

前言
第一章 建筑工程基础知识 ... 1
第二章 建设工程安全相关法律法规 ... 12
第三章 建筑施工安全管理体制 ... 21
第四章 施工现场安全管理 ... 32
第五章 土方工程 ... 43
第六章 脚手架工程 ... 67
第七章 模板工程 ... 78
第八章 主体工程 ... 95
第九章 建筑施工现场的防火防爆 ... 109
第十章 拆除工程 ... 136
第十一章 建筑施工主要防护用品 ... 154
试题答案 ... 178

第一章 建筑工程基础知识

1. 建设项目又称基本建设项目。（ ）
   A．正确　　　　　　　　　　　　B．错误

2. 一个建设项目只能在一个场地上组织施工。（ ）
   A．正确　　　　　　　　　　　　B．错误

3. 一个建设项目在一个场地上或几个场地上组织施工。（ ）
   A．正确　　　　　　　　　　　　B．错误

4. 对于每一个建设项目，都编有计划任务书和独立的总体设计。（ ）
   A．正确　　　　　　　　　　　　B．错误

5. 一个建设项目可以是一个单项工程，也可能包括几个单项工程。（ ）
   A．正确　　　　　　　　　　　　B．错误

6. 一个建设项目必须是一个单项工程。（ ）
   A．正确　　　　　　　　　　　　B．错误

7. 单位工程是单项工程的组成部分，一般指不独立发挥生产能力但具有独立施工条件的工程。（ ）
   A．正确　　　　　　　　　　　　B．错误

8. 非生产性建设项目一般一个单项工程即为一个单位工程。（ ）
   A．正确　　　　　　　　　　　　B．错误

9. 分部工程是单位工程的组成部分，一般是按单位工程的各个部位划分的。（ ）
   A．正确　　　　　　　　　　　　B．错误

10. 分项工程是分部工程的组成部分。（ ）
    A．正确　　　　　　　　　　　　B．错误

11. 基本建设程序一般可划分为决策、准备、实施三个阶段。（ ）
    A．正确　　　　　　　　　　　　B．错误

12. 可行性研究阶段是由施工单位在工程开工前完成的。（ ）
    A．正确　　　　　　　　　　　　B．错误

13. 批准可行性研究报告是项目最终决策文件。（ ）
    A．正确　　　　　　　　　　　　B．错误

14. 组建项目法人，征地、拆迁，规划设计等是属于建设单位施工准备阶段工作。（ ）

A．正确 B．错误

15. 勘察设计、建筑设计招标、施工图设计、委托监理，不属于建设单位施工准备阶段工作。（　　）

    A．正确 B．错误

16. 建筑工程具备了开工条件并取得施工许可证后才能开工。（　　）

    A．正确 B．错误

17. 建筑工程具备了开工条件，可以先开工再办理施工许可证。（　　）

    A．正确 B．错误

18. 基本建设项目竣工阶段，监理单位可以不参加。（　　）

    A．正确 B．错误

19. 基本建设项目竣工阶段，勘察、设计单位可以不参加。（　　）

    A．正确 B．错误

20. 基本建设项目竣工阶段，施工单位可以不参加。（　　）

    A．正确 B．错误

21. 建筑三要素：功能、技术、形象。（　　）

    A．正确 B．错误

22. 建筑三要素，满足功能要求是首要目的。（　　）

    A．正确 B．错误

23. 建筑三要素，满足形象功能要求，美观好看是首要目的。（　　）

    A．正确 B．错误

24. 水塔、烟囱、堤坝、纪念碑等称为构筑物。（　　）

    A．正确 B．错误

25. 体育场、体育馆、游泳池等体育建筑为公共建筑。（　　）

    A．正确 B．错误

26. 对于在受力条件下屈服现象不明显的钢（例如硬钢类），规定以产生残余变形为 0.2%时的应力作为屈服强度，称为条件屈服点。（　　）

    A．正确 B．错误

27. 屈服强度与条件屈服强度是一个概念。（　　）

    A．正确 B．错误

28. 钢筋 HPB235 为热轧光圆钢筋，强度较低，但塑性及焊接性能较好，便于各种冷加工。（　　）

    A．正确 B．错误

29. 钢筋 HRB335 和 HRB400 为热轧带月牙肋钢筋，强度高、敏感性小、耐疲劳性好。（　　）
    A．正确　　　　　　　　　　　　B．错误

30. 钢筋 HRB335 和 HRB400 为热轧光圆钢筋，强度高、敏感性小、耐疲劳性好。（　　）
    A．正确　　　　　　　　　　　　B．错误

31. 钢筋 HRB500，强度高，塑性和焊接性能好。（　　）
    A．正确　　　　　　　　　　　　B．错误

32. 钢筋 HPB235 比 HRB500 的强度高，塑性和焊接性能好。（　　）
    A．正确　　　　　　　　　　　　B．错误

33. 钢筋伸长率 δ 数值越大，表示钢材塑性越好，但强度较低。（　　）
    A．正确　　　　　　　　　　　　B．错误

34. 钢筋伸长率 δ 数值越大，表示钢材塑性越好，强度较高。（　　）
    A．正确　　　　　　　　　　　　B．错误

35. 钢筋伸长率与标距有关。通常钢材拉伸试验标距取 $l_0=10d_0$ 和 $l_0=5d_0$，其伸长率分别用 δ_{10} 和 δ_5 表示。（　　）
    A．正确　　　　　　　　　　　　B．错误

36. 钢筋伸长率与标距无关。（　　）
    A．正确　　　　　　　　　　　　B．错误

37. 对同一钢材，其 δ_5 大于 δ_{10}。（　　）
    A．正确　　　　　　　　　　　　B．错误

38. 对同一钢材，其 δ_5 小于 δ_{10}。（　　）
    A．正确　　　　　　　　　　　　B．错误

39. 建筑钢材的冷弯，与弯曲角度 α、弯心直径 d 和钢材厚度 a 无关。（　　）
    A．正确　　　　　　　　　　　　B．错误

40. 建筑钢材的冷弯，弯曲角度 α 越大，弯心直径对试件厚度（或直径）的比值越小，则冷弯性能就越好。（　　）
    A．正确　　　　　　　　　　　　B．错误

41. 钢材冷弯性能的检验是采用规定的弯曲角度和弯心直径进行试验，若试件的弯曲处不发生裂缝、裂纹、裂断和起层，则认为冷弯性能合格。（　　）
    A．正确　　　　　　　　　　　　B．错误

42. 水泥是水硬性胶凝材料，既能在空气中硬化，又能在水中更好地硬化，并保持其强度发展。（　　）
    A．正确　　　　　　　　　　　　B．错误

43. 水泥是水硬性胶凝材料，只能在水中硬化，并保持其强度发展。（   ）
   A．正确   B．错误

44. 硅酸盐水泥生产的煅烧温度为1450℃。（   ）
   A．正确   B．错误

45. 硅酸盐水泥生产的煅烧温度为1250℃。（   ）
   A．正确   B．错误

46. GB 175—2007《通用硅酸盐水泥》规定：硅酸盐水泥初凝时间不得早于45min，终凝时间不得迟于390min。（   ）
   A．正确   B．错误

47. GB 175—2007《通用硅酸盐水泥》规定：硅酸盐水泥初凝时间不得早于30min，终凝时间不得迟于300min。（   ）
   A．正确   B．错误

48. GB 175—2007《通用硅酸盐水泥》规定：硅酸盐水泥初凝时间不得早于45min，终凝时间不得早于390min。（   ）
   A．正确   B．错误

49. GB 175—2007《通用硅酸盐水泥》规定：硅酸盐水泥初凝时间不得迟于45min，终凝时间不得早于500min。（   ）
   A．正确   B．错误

50. 体积安定性不合格的水泥，严禁用于工程中。（   ）
   A．正确   B．错误

51. 引起水泥安定性不良的主要原因，是由于熟料中含有过量的游离氧化钙、游离氧化镁或掺入的石膏过多。（   ）
   A．正确   B．错误

52. GB 175—2007《通用硅酸盐水泥》规定：水泥熟料中游离氧化镁含量不得超过5.0%，三氧化硫含量不得超过3.5%，用沸煮法检验必须合格。（   ）
   A．正确   B．错误

53. 水泥颗粒越细，与水反应的表面积越大，水化反应的速度越快，水泥石的早期强度越高，硬化时收缩也越大。（   ）
   A．正确   B．错误

54. GB 175—2007《通用硅酸盐水泥》规定：硅酸盐水泥比表面积应大于$300m^2/kg$。（   ）
   A．正确   B．错误

55. 水泥颗粒越细越好。（   ）
   A．正确   B．错误

56. 硅酸盐水泥的强度主要决定于水泥熟料矿物的相对含量、水泥细度、水灰比大小、水化龄期和环境温度等。（   ）
    A．正确   B．错误

57. 水泥强度（ISO法）试件尺寸为40mm×40mm×200mm。（   ）
    A．正确   B．错误

58. 水泥强度（ISO法）标准养护条件为（20±2）℃的水中。（   ）
    A．正确   B．错误

59. 水泥强度（ISO法）龄期为3天、7天和28天。（   ）
    A．正确   B．错误

60. 水泥强度（ISO法）测抗折强度和抗压强度，作为评定水泥等级的依据。（   ）
    A．正确   B．错误

61. 水泥强度（ISO法）试件尺寸为40mm×40mm×160mm。（   ）
    A．正确   B．错误

62. 水泥强度（ISO法）标准养护条件为（20±1）℃的水中。（   ）
    A．正确   B．错误

63. 水泥强度（ISO法）龄期为3天和28天。（   ）
    A．正确   B．错误

64. 水泥强度（ISO法）测压强度，作为评定水泥等级的依据。（   ）
    A．正确   B．错误

65. 水泥水化热越大，对冬季施工是有利的，但对于大体积混凝土工程是有害的。（   ）
    A．正确   B．错误

66. 在大体积混凝土工程施工中，不宜采用硅酸盐水泥。（   ）
    A．正确   B．错误

67. 在大体积混凝土工程施工中，优先采用硅酸盐水泥。（   ）
    A．正确   B．错误

68. 受侵蚀性介质作用的混凝土，不宜选用硅酸盐水泥。（   ）
    A．正确   B．错误

69. 受侵蚀性介质作用的混凝土，优先选用硅酸盐水泥。（   ）
    A．正确   B．错误

70. 有抗渗要求的混凝土，不宜选用矿渣水泥。（   ）
    A．正确   B．错误

71. 有抗渗要求的混凝土，优先选用矿渣水泥。（   ）

A．正确 B．错误

72. 普通硅酸盐水泥简称普通水泥，其代号为P·S。（　　）
    A．正确 B．错误

73. 矿渣硅酸盐水泥简称矿渣水泥，其代号为P·O。（　　）
    A．正确 B．错误

74. 火山灰质硅酸盐水泥简称火山灰水泥，其代号为P·F。（　　）
    A．正确 B．错误

75. 粉煤灰硅酸盐水泥简称粉煤灰水泥，其代号为P·P。（　　）
    A．正确 B．错误

76. 复合粉煤灰硅酸盐水泥简称复合水泥，其代号为P·C。（　　）
    A．正确 B．错误

77. 砂子的粒径范围一般为0.16～5.0mm。（　　）
    A．正确 B．错误

78. 粒径大于5.0mm的岩石颗粒称为石子。（　　）
    A．正确 B．错误

79. 细度模数越大，表示砂子颗粒越粗。（　　）
    A．正确 B．错误

80. 砂的细度模数3.7～3.1为特细砂，1.5～0.7为粗砂。（　　）
    A．正确 B．错误

81. 砂的细度模数3.0～2.3为细砂，2.2～1.6为中砂。（　　）
    A．正确 B．错误

82. 粗骨料级配有连续级配和间断级配两种。（　　）
    A．正确 B．错误

83. 可饮用之水，可用于拌和养护混凝土。（　　）
    A．正确 B．错误

84. 未经处理的工业及生活废水、污水、沼泽水以及pH值小于4的酸性水等均不能使用。
    （　　）
    A．正确 B．错误

85. 按GB 50010—2010《混凝土结构设计规程》的规定，混凝土立方体抗压强度标准值划分为C15、C20、C25、C30、C35、C40、C45、C50、C55、C60、C65、C70、C75、C80共14个等级。（　　）
    A．正确 B．错误

86. 强度等级为 C25 的混凝土，是指 25MPa≤$f_{cu,k}$＜30MPa 的混凝土。（　　）
   A．正确　　　　　　　　　　　　B．错误

87. 混凝土强度成型时标准试件的边长为 200mm×200mm×200mm。（　　）
   A．正确　　　　　　　　　　　　B．错误

88. 混凝土强度成型时标准试件的边长为 100mm×100mm×100mm。（　　）
   A．正确　　　　　　　　　　　　B．错误

89. 民用建筑一般由基础、墙体（柱）、楼板层、地坪、屋顶、楼梯、门窗等构件构成。（　　）
   A．正确　　　　　　　　　　　　B．错误

90. 地基、基础都是民用建筑构件。（　　）
   A．正确　　　　　　　　　　　　B．错误

91. 建筑构造的影响因素很多，如气候条件，风、雨、雪、日晒等。（　　）
   A．正确　　　　　　　　　　　　B．错误

92. 建筑工程施工具有复杂性，如不同的时期、地点、产品露天作业、高空作业、多专业、多工程同时作业等。（　　）
   A．正确　　　　　　　　　　　　B．错误

93. "按图施工"是施工人员必须遵守的一条准则。（　　）
   A．正确　　　　　　　　　　　　B．错误

94. 施工人员在发现设计图纸有明显缺陷时，可以更改不按图纸施工。（　　）
   A．正确　　　　　　　　　　　　B．错误

95. 一般工民建的施工顺序：先地上后地下，先土建后安装。（　　）
   A．正确　　　　　　　　　　　　B．错误

96. 一般工民建的施工顺序：先主体后装修，先室内抹灰后屋面防水。（　　）
   A．正确　　　　　　　　　　　　B．错误

97. 一般工民建的管道沟渠施工顺序：先上游后下游。（　　）
   A．正确　　　　　　　　　　　　B．错误

98. 一般工民建的施工顺序：先地下后地上，先土建后安装。（　　）
   A．正确　　　　　　　　　　　　B．错误

99. 一般工民建的施工顺序：先主体后装修，先屋面防水后室内抹灰。（　　）
   A．正确　　　　　　　　　　　　B．错误

100. 一般工民建的管道沟渠施工顺序：先下游后上游。（　　）
    A．正确　　　　　　　　　　　　B．错误

7

101. 建设项目的划分中,一所学校的办公楼属于( )。
    A. 单项工程   B. 单位工程   C. 分部工程   D. 分项工程

102. 建设项目的划分中,车间厂房建筑属于( )。
    A. 单项工程   B. 单位工程   C. 分部工程   D. 分项工程

103. 建设项目的划分中,基础工程属于( )。
    A. 单项工程   B. 单位工程   C. 分部工程   D. 分项工程

104. 建设项目的划分中,钢筋混凝土工程中的模板工程属于( )。
    A. 单项工程   B. 单位工程   C. 分部工程   D. 分项工程

105. 建设项目的划分中,一所学校的教学楼属于( )。
    A. 单项工程   B. 单位工程   C. 分部工程   D. 分项工程

106. 建设项目的划分中,车间的设备安装建筑属于( )。
    A. 单项工程   B. 单位工程   C. 分部工程   D. 分项工程

107. 建设项目的划分中,屋面工程属于( )。
    A. 单项工程   B. 单位工程   C. 分部工程   D. 分项工程

108. 建设项目的划分中,钢筋混凝土工程中的钢筋工程属于( )。
    A. 单项工程   B. 单位工程   C. 分部工程   D. 分项工程

109. 一个建设项目( )场地上组织施工。
    A. 只能在一个   B. 只能在两个
    C. 只能在三个   D. 可以在一个或几个

110. 基本建设程序一般可划分为三个阶段,下列不属于基本建设程序的是( )。
    A. 决策   B. 准备   C. 实施   D. 质保

111. 建设项目决策阶段时编写计划建议书,下列不属于计划建议书的内容是( )。
    A. 施工图纸   B. 产品方案   C. 投资估算   D. 拟建的必要性

112. 建设项目决策阶段时,编写计划建议书的内容是( )。
    A. 施工图纸   B. 技术设计   C. 初步设计   D. 投资估算

113. 建设单位施工准备阶段,应做的工作不包括( )。
    A. 征地拆迁   B. 规划设计   C. 图纸会审   D. 委托监理

114. 施工单位施工准备阶段,应做的工作包括( )。
    A. 征地拆迁   B. 规划设计   C. 图纸会审   D. 委托监理

115. 施工单位施工准备阶段,应做的工作不包括( )。
    A. 委托监理   B. 物质准备   C. 图纸会审   D. 拟建项目领导机构

116. 施工现场"三通一平",下列不属于"三通一平"的是( )。

A．路 B．水 C．气 D．电

117．施工现场"三通一平"中的"一平"是指（　　）。
A．模板平整 B．场地平整 C．屋面平整 D．脚手架平整

118．基本建设项目竣工阶段，（　　）可以不参加竣工验收。
A．监理单位 B．上级行政单位 C．勘察设计单位 D．施工单位

119．不属于建筑三要素之一的是（　　）。
A．质量 B．功能 C．技术 D．形象

120．（　　）是构筑物。
A．水塔 B．办公室 C．住宅 D．火车站

121．（　　）是构筑物。
A．住宅 B．办公室 C．纪念碑 D．火车站

122．（　　）不是公共建筑。
A．体育场 B．医院 C．展览馆 D．食品加工厂

123．钢筋混凝土结构中的纵向受力钢筋宜优先采用（　　）钢筋。
A．HPB235 B．HRB335 C．HRB400 D．RRB400

124．钢筋的外形表面为光圆钢筋的是（　　）。
A．HPB235 B．HRB335 C．HRB400 D．RRB400

125．GB 50010—2010《混凝土结构设计规范》中，钢材的条件屈服强度取极限抗拉强度的（　　）。
A．65% B．75% C．85% D．95%

126．钢筋 HPB235 为热轧光圆钢筋，描述不正确的是（　　）。
A．强度较低 B．塑性好 C．便于冷加工 D．焊接性能差

127．钢筋 HRB500，描述不正确的是（　　）。
A．强度低 B．强度高 C．塑性差 D．焊接性能差

128．同一钢材，其 δ_5（　　）δ_{10}
A．大于 B．不小于 C．小于 D．不大于

129．建筑钢材的冷弯性能与（　　）无关。
A．弯曲角度 B．弯心直径 C．钢材厚度 D．操作员

130．（　　）是水硬性胶凝材料。
A．水泥 B．石灰 C．石膏 D．镁质胶凝材料

131．硅酸盐水泥生产的煅烧温度为（　　）。
A．1250℃ B．1350℃ C．1450℃ D．1550℃

132. GB 175—2007《通用硅酸盐水泥》规定：硅酸盐水泥初凝时间不得早于（　　），终凝时间不得迟于（　　）。正确是的（　　）。
    A．30min，300min   B．30min，390min
    C．45min，300min   D．45min，390min

133. 引起水泥安定性不良的主要原因，是由于熟料中含有过量的（　　）。
    A．游离氧化钙   B．游离氧化镁   C．石膏   D．游离氧化铁

134. 水泥颗粒越细，描述不正确的是（　　）。
    A．与水反应的表面积愈大   B．水化反应的速度越快
    C．早期强度越高   D．硬化时收缩也越小

135. 国家标准规定：硅酸盐水泥比表面积应大于（　　）m^2/kg。
    A．250   B．300   C．350   D．400

136. 水泥强度（ISO 法）试件尺寸为（　　）。
    A．30mm×30mm×160mm   B．30mm×40mm×160mm
    C．40mm×40mm×160mm   D．50mm×40mm×160mm

137. 水泥水化热越大，描述正确的是（　　）。
    A．对冬季施工有利   B．大体积混凝土有利
    C．大体积混凝土有害   D．早强要求高

138. 代号 P·C 是指（　　）。
    A．硅酸盐水泥   B．矿渣水泥   C．火山灰水泥   D．复合水泥

139. 砂子的粒径范围一般为（　　）。
    A．0.08～5.0mm   B．0.16～5.0mm
    C．0.06～10.0mm   D．0.16～10.0mm

140. 中石的粒径范围一般为（　　）。
    A．5～20mm   B．20～40mm   C．40～80mm   D．80～150mm

141. 砂的细度模数 3.7～3.1 为（　　）。
    A．特细砂   B．细砂   C．中砂   D．粗砂

142. GB 50010—2010《混凝土结构设计规程》的规定，混凝土立方体抗压强度标准值划分为（　　）个等级。
    A．10   B．12   C．14   D．16

143. 混凝土强度成型时标准试件的边长为（　　）。
    A．100mm   B．150mm   C．200mm   D．250mm

144. 不是民用建筑构件的是（　　）。
    A．基础   B．楼板层   C．楼梯   D．地基

145. 不是建筑工程产品特点的是（　　）。
    A．固定性　　　B．多样性　　　C．综合性　　　D．重复性

146. 不属于建筑工程施工依据的是（　　）。
    A．施工图　　　B．施工组织设计　　　C．操作规程　　　D．业主指示

147. 一般工民建的施工顺序，描述不正确的是（　　）。
    A．先地上后地下　　　　　　　B．先土建后安装
    C．先主体后装修　　　　　　　D．先屋面防水，后室内抹灰

148. 整个建设全部施工过程中的第一道工序，一般为（　　）。
    A．基础工程　　　　　　　　　B．土方工程
    C．钢筋混凝土工程　　　　　　D．砌筑工程

149. 不属于深基础的是（　　）。
    A．桩基础　　　B．深井基础　　　C．沉箱基础　　　D．条形基础

150. 不属于装饰工程的是（　　）。
    A．砌筑　　　B．饰面　　　C．油漆　　　D．玻璃幕墙

151. 建筑是指（　　）的总称。
    A．建筑物　　　　　　　　　　B．构筑物
    C．建筑物、构筑物　　　　　　D．建造物、构造物

152. 一般民用建筑由（　　）和门窗组成。
    A．基础、墙或柱、楼板层、地面、楼梯、屋顶
    B．地基、墙或柱、楼板层、地面、楼梯、屋顶
    C．基础、梁、楼板层、地面、楼梯、屋顶
    D．地基、梁或柱、楼板层、地面、楼梯、屋顶

153. 初步设计的具体图纸和文件有（　　）。注：①设计总说明②建筑总平面图③各层平面图、剖面图、立面图④工程概算书⑤建筑构造详图
    A．②③④⑤　　　B．①②③④　　　C．①③④　　　D．②④⑤

154. 地震烈度表示当发生地震时，地面及建筑物遭受破坏的程度。烈度在（　　）时，地震对建筑物影响较小，一般可不考虑抗震措施。
    A．6度及以下　　　B．6度　　　C．5度及以下　　　D．5度

155. 建筑模数是指选定的尺寸单位，根据国家制订的《建筑统一模数制》，我国采用的基本模数为（　　）。
    A．M=100mm　　　B．M=200mm　　　C．M=300mm　　　D．M=400mm

156. 建筑平面图的外部尺寸俗称外三道，其中最里面一道尺寸标注的是（　　）。
    A．房屋的开间、进深　　　　　B．房屋内墙的厚度和内部门窗洞口尺寸
    C．房屋水平方向的总长、总宽　D．房屋外墙的墙段及门窗洞口尺寸

第二章 建设工程安全相关法律法规

1. 建筑工程安全法主要是以预防施工安全事故为目的的立法。（　　）
   A．正确　　　　　　　　　　　　B．错误

2. 《安全生产许可证条例》《中华人民共和国安全生产法》属于安全生产法规，《中华人民共和国建筑法》不涉及。（　　）
   A．正确　　　　　　　　　　　　B．错误

3. 《建设工程安全生产管理条例》属于安全生产法规，《中华人民共和国建筑法》不涉及。（　　）
   A．正确　　　　　　　　　　　　B．错误

4. "三大规程"的颁布是我国建筑安全生产法规体系建设发展的一个重要里程碑。（　　）
   A．正确　　　　　　　　　　　　B．错误

5. 《工厂安全卫生规程》（1956年）使得建筑施工安全技术工作有章可循，建筑业由手工逐步过渡到半机械化和机械化。（　　）
   A．正确　　　　　　　　　　　　B．错误

6. 《建筑安装工程安全技术规程》（1956年）使得建筑施工安全技术工作有章可循，建筑业由手工逐步过渡到半机械化和机械化。（　　）
   A．正确　　　　　　　　　　　　B．错误

7. 《工人、职员伤亡事故报告规程》（1956年）使得建筑施工安全技术工作有章可循，建筑业由手工逐步过渡到半机械化和机械化。（　　）
   A．正确　　　　　　　　　　　　B．错误

8. 《建筑业安全卫生公约》（2001年）标志着我国的建筑安全生产法规开始与国际接轨。（　　）
   A．正确　　　　　　　　　　　　B．错误

9. "安全第一、预防为主、综合治理"，是我国建设工程安全生产管理的方针。（　　）
   A．正确　　　　　　　　　　　　B．错误

10. 《建筑施工企业安全生产许可证管理规定》规定国家对建筑施工企业实行安全生产许可制度。（　　）
    A．正确　　　　　　　　　　　　B．错误

11. 建筑施工企业未取得安全生产许可证的，不得从事建筑业企业资质等级标筑施工活动。（　　）

A．正确　　　　　　　　　　　　B．错误

12. 安全生产许可证有效年限为 3 年，企业应当于期满前 3 个月向原发证机关办理延期手续。（　　）
    A．正确　　　　　　　　　　　　B．错误

13. 安全生产许可证有效年限为 5 年。（　　）
    A．正确　　　　　　　　　　　　B．错误

14. 安全生产许可证过期，企业不能进行生产经营活动，应向发证机关重新申请安全生产许可证。（　　）
    A．正确　　　　　　　　　　　　B．错误

15. 安全生产责任制与目标管理，安全生产管理机构，伤亡事故及报告、结案和备案，重大事故隐患治理和危险源监控，安全专项整治等是安全生产考核的内容。（　　）
    A．正确　　　　　　　　　　　　B．错误

16. 特种作业人员必须接受与本工种相适应的、专门的安全技术培训，经安全技术理论考核和实际操作技能考核合格，取得特种作业操作证后，方可上岗作业。（　　）
    A．正确　　　　　　　　　　　　B．错误

17. 建筑起重机械设备作业人员（起重工、信号工、机械操作工等），须经考核取得岗位证书，方可从事相应的作业。（　　）
    A．正确　　　　　　　　　　　　B．错误

18. 建筑起重工，可以聘用懂得仪器操作的人员。（　　）
    A．正确　　　　　　　　　　　　B．错误

19. 生产安全事故发生后，事故现场有关人员应当立即向本单位负责人报告；单位负责人接到报告后，应当于 1h 内向事故发生地县级以上人民政府安全生产监督管理部门和负有安全生产监督管理职责的有关部门报告。（　　）
    A．正确　　　　　　　　　　　　B．错误

20. 安全生产监督管理部门和负有安全生产监督管理职责的有关部门逐级上报事故情况，每级上报的时间不得超过 2h。（　　）
    A．正确　　　　　　　　　　　　B．错误

21. 特别重大事故由国务院或者国务院授权有关部门组织事故调查组进行调查。（　　）
    A．正确　　　　　　　　　　　　B．错误

22. 未造成人员伤亡的一般事故，县级人民政府也可以委托事故发生单位组织事故调查组进行调查。（　　）
    A．正确　　　　　　　　　　　　B．错误

23. 国务院建设主管部门对全国建筑起重机械的租赁、安装、拆卸、使用实施监督管理。

（　　）
A．正确 B．错误

24．属于国家明令淘汰或者禁止使用的建筑起重机械，不得出租、使用。（　　）
A．正确 B．错误

25．超过安全技术标准或者制造厂家规定的使用年限的建筑起重机械，不得出租、使用。（　　）
A．正确 B．错误

26．没有完整安全技术档案的建筑起重机械，不得出租、使用。（　　）
A．正确 B．错误

27．《建设工程安全生产管理条例》规定，勘察设计单位有违反《规定》行为的，责令限期改正；逾期未改正的，责令停业整顿，并处 10 万元以上 30 万元以下的罚款；情节严重的，降低资质等级，直至吊销资质证书；造成重大安全事故，构成犯罪的，对直接责任人员，依照刑法有关规定追究刑事责任；造成损失的，依法承担赔偿责任。（　　）
A．正确 B．错误

28．《建设工程安全生产管理条例》规定，建设单位有违反《规定》行为的，责令限期改正；逾期未改正的，责令停业整顿，并处 20 万元以上 50 万元以下的罚款；情节严重的，降低资质等级，直至吊销资质证书；造成重大安全事故，构成犯罪的，对直接责任人员，依照刑法有关规定追究刑事责任；造成损失的，依法承担赔偿责任。（　　）
A．正确 B．错误

29．《建设工程安全生产管理条例》规定，建设单位有违反《规定》行为的，责令限期改正；逾期未改正的，责令停业整顿，并处 10 万元以上 30 万元以下的罚款；情节严重的，降低资质等级，直至吊销资质证书；造成重大安全事故，构成犯罪的，对直接责任人员，依照刑法有关规定追究刑事责任；造成损失的，依法承担赔偿责任。（　　）
A．正确 B．错误

30．“三大规程”是我国建筑安全生产法规体系建设发展的一个重要里程碑，不是 1956 年颁布的"三大规程"的是（　　）。
A．《工厂安全卫生规程》 B．《建设工程安全生产管理条例》
C．《工人、职员伤亡事故报告规程》 D．《建筑安装工程安全技术规程》

31．（　　）使得建筑施工安全技术工作有章可循，建筑业由手工逐步过渡到半机械化和机械化。
A．《工厂安全卫生规程》 B．《建设工程安全生产管理条例》
C．《工人、职员伤亡事故报告规程》 D．《建筑安装工程安全技术规程》

32．（　　）（2001 年）标志着我国的建筑安全生产法规开始与国际接轨。
A．《建筑业安全卫生公约》 B．《建设工程安全生产管理条例》

C.《工人、职员伤亡事故报告规程》　　D.《建筑安装工程安全技术规程》

33. （　　）是我国建设工程安全生产管理的方针。
    A. 安全责任、重在落实　　　　　　B. 安全第一、预防为主、综合治理
    C. 安全年、安全月、安全日　　　　D. 强化安全意识、提高安全素质

34. （　　）是国家对建筑施工企业实行安全生产许可制度。
    A.《建筑业安全卫生公约》
    B.《建设工程安全生产管理条例》
    C.《建筑施工企业安全生产许可证管理规定》
    D.《建筑安装工程安全技术规程》

35. 安全生产许可证有效年限为（　　），企业应当期满前3个月向原发证机关办理延期手续。
    A. 3年　　　　B. 4年　　　　C. 5年　　　　D. 6年

36. 安全生产许可证有效年限为3年，企业应当期满前（　　）向原发证机关办理延期手续。
    A. 3个月　　　B. 4个月　　　C. 5个月　　　D. 6个月

37. 不属于安全生产考核的内容的是（　　）。
    A. 安全生产责任制与目标管理　　　B. 产品质量
    C. 伤亡事故及报告　　　　　　　　D. 重大事故隐患治理

38. 下列哪个作业人员，从事相应的作业不须经考核取得岗位证书？（　　）
    A. 起重工　　　B. 信号工　　　C. 机械操作工　　　D. 钢筋工

39. 《中华人民共和国建筑法》第四十四条规定：（　　）必须依法加强对建筑安全生产的管理，执行安全生产责任制度，采取有效措施，防止伤亡和其他安全生产事故的发生。
    A. 建筑勘察企业　　　　　　　　　B. 建筑设计企业
    C. 建筑施工企业　　　　　　　　　D. 建筑监理企业

40. 依据《中华人民共和国建筑法》第四十五条和《建设工程安全生产管理条例》的规定，（　　）应该对施工现场安全负责，如果是因分包单位不服从管理导致发生生产安全事故，由分包单位承担主要责任。
    A. 建筑勘察企业　　　　　　　　　B. 建筑设计企业
    C. 建筑监理企业　　　　　　　　　D. 总承包人

41. 《建设工程安全生产管理条例》第二十一条规定：（　　）单位应当建立健全安全生产责任制度和安全生产教育培训制度，制定安全生产规章制度和操作规程，保证本单位安全生产条件所需资金的投入，对所承担的建设工程进行定期和专项安全检查，并做好安全检查记录。
    A. 勘察　　　　B. 设计　　　　C. 施工　　　　D. 监理

42. 根据《建筑企业职工安全培训教育暂行规定》，企业其他管理人员和技术人员每年接受安全培训的时间，不得少于（　　）学时。
   A．10　　　　　　B．20　　　　　　C．30　　　　　　D．40

43. 根据《建筑企业职工安全培训教育暂行规定》，企业待岗、转岗、换岗的职工，在重新上岗前，必须接受一次安全培训，时间不得少于（　　）学时。
   A．20　　　　　　B．30　　　　　　C．40　　　　　　D．50

44. 根据《建筑企业职工安全培训教育暂行规定》，建筑业企业新进场的工人，必须接受（　　）的三级安全培训教育，经考核合格后，方能上岗。
   A．公司、项目、班组　　　　　　B．方针、政策、法规
   C．安全制度、施工环境、工程特点　　D．安全规程、事故剖析、劳动纪律

45. 《中华人民共和国建筑法》第四十三条规定，（　　）部门负责建筑安全生产的管理，并依法接受劳动行政主管部门对建筑安全生产的指导和监督。
   A．勘察设计　　B．施工　　C．监理　　D．建设行政主管

46. 《中华人民共和国建筑法》第四十七条规定，（　　）人员有权对影响人身健康的作业程序和作业条件提出改进意见，有权获得安全生产所需的防护用品。
   A．建设行政主管　　B．勘察设计　　C．监理　　D．作业

47. 《中华人民共和国建筑法》第四十七条规定，（　　）人员对危及生命安全和人身健康的行为有权提出批评、检举和控告。
   A．建设行政主管　　B．勘察设计　　C．监理　　D．作业

48. 《建设工程安全生产管理条例》规定，勘察设计单位有违反《规定》行为的，责令限期改正；逾期未改正的，责令停业整顿，并处（　　）的罚款；情节严重的，降低资质等级，直至吊销资质证书；造成重大安全事故，构成犯罪的，对直接责任人员，依照刑法有关规定追究刑事责任；造成损失的，依法承担赔偿责任。
   A．10万元以上30万元以下　　　　B．20万元以上30万元以下
   C．10万元以上50万元以下　　　　D．20万元以上50万元以下

49. 《建设工程安全生产管理条例》规定，工程监理单位有违反《规定》行为的，责令限期改正；逾期未改正的，责令停业整顿，并处（　　）的罚款；情节严重的，降低资质等级，直至吊销资质证书；造成重大安全事故，构成犯罪的，对直接责任人员，依照刑法有关规定追究刑事责任；造成损失的，依法承担赔偿责任。
   A．10万元以上30万元以下　　　　B．20万元以上30万元以下
   C．10万元以上50万元以下　　　　D．20万元以上50万元以下

50. 根据《建设工程安全生产管理条例》规定，建设工程施工前，施工单位负责项目管理的技术人员不需要对（　　）安全施工的技术要求做详细说明。
   A．施工负责人　　B．现场安全员　　C．作业班组　　D．作业人员

51. 根据《建设工程安全生产管理条例》，施工单位在施工承租机械设备和施工机具及配件的，不需要参加验收的是（　　）。
   A．建设单位　　　　　　　　　　　　B．施工总承包单位
   C．出租单位　　　　　　　　　　　　D．安装单位

52. 根据《建设工程安全生产管理条例》，发生生产安全事故后，可以不用做的是（　　）。
   A．马上报警
   B．施工单位应当采取措施防止事故扩大
   C．需要移动现场物品时，应当做出标记和书面记录，妥善保管有关证物
   D．保护事故现场

53. 安全生产监督管理部门和负有安全生产监督管理职责的有关部门逐级上报事故情况，每级上报的时间不得超过（　　）h。
   A．2　　　　　　B．4　　　　　　C．6　　　　　　D．8

54. 生产安全事故发生后，事故现场有关人员应当立即向本单位负责人报告；单位负责人接到报告后，应当于（　　）h 内向事故发生地县级以上人民政府安全生产监督管理部门和负有安全生产监督管理职责的有关部门报告。
   A．0.5　　　　　B．1　　　　　　C．2　　　　　　D．3

55. （　　）由国务院或者国务院授权有关部门组织事故调查组进行调查。
   A．一般事故　　　B．特大事故　　　C．重大　　　　　D．特别重大事故

56. 未造成人员伤亡的（　　），县级人民政府也可以委托事故发生单位组织事故调查组进行调查。
   A．一般事故　　　B．特大事故　　　C．重大　　　　　D．特别重大事故

57. 事故发生后，事故发生单位和事故发生地的建设行政主管部门应当严格保护事故现场，疏散人员，（　　），防止事故扩大。
   A．马上报警　　　　　　　　　　　　B．采取有效措施抢救人员和财务
   C．协助有关部门调查事故　　　　　　D．立即通报主管部门

58. 依据《建设工程安全生产管理条例》，施工单位应当设立安全生产（　　）机构，配备专职安全生产管理人员。
   A．检查　　　　　B．监督　　　　　C．监理　　　　　D．管理

59. 依据《建设工程安全生产管理条例》，建设行政主管部门在审核发放施工许可证时，应当对建设工程是否有（　　）进行审查。
   A．安全规章制度　　　　　　　　　　B．安全管理机构
   C．安全生产责任制　　　　　　　　　D．安全施工措施

60. 根据《建设工程安全生产管理条例》，设计单位应当考虑施工安全操作和防护的需要，对涉及施工安全的（　　）在设计文件中注明，并对防范生产安全事故提出指

导意见。
A．危险源和重点部位　　　　　　B．重点部位和环节
C．关键部位和危险源　　　　　　D．危险部位和环节

61．根据《建设工程安全生产管理条例》，工程监理单位应当审查施工组织设计中的安全技术措施或者专项施工方案是否符合（　　）。
A．安全生产法　　　　　　　　　B．安全技术规程
C．工程建设强制性标准　　　　　D．建筑安全生产监督管理规定

62．根据《建设工程安全生产管理条例》，（　　）应当审查施工组织设计中的安全技术措施或者专项施工方案是否符合工程建设强制性标准。
A．建设单位　　B．工程监理单位　　C．设计单位　　D．施工单位

63．根据《建设工程安全生产管理条例》，出租单位应当对出租的机械设备和施工机具及配件的安全性能进行检测，在签订租赁协议时，应当出具（　　）。
A．产品型式检验报告　　　　　　B．产品登记备案证明
C．产品使用说明书　　　　　　　D．检测合格证明

64．根据《建设工程安全生产管理条例》，在施工现场安装、拆卸施工起重机械和整体提升脚手架、模板等自升式架设设施，必须由（　　）承担。
A．具有塔机拆装许可证的单位　　B．质量技术监督部门核准的单位
C．具有相应资质的单位　　　　　D．综合安全监督管理部门核准的单位

65．根据《建设工程安全生产管理条例》，安装、拆卸施工起重机械和整体提升脚手架、模板等自升式架设设施，应当编制拆装方案、制定（　　）措施，并由专业技术人员现场监督。
A．安全施工　　B．质量保证　　C．安装安全　　D．人员安全

66．根据《建设工程安全生产管理条例》，安装、拆卸施工起重机械和整体提升脚手架、模板等自升式架设设施，由（　　）现场监督。
A．施工技术负责人　　　　　　　B．项目负责人
C．专业技术人员　　　　　　　　D．监理工程师

67．根据《建设工程安全生产管理条例》，进入施工现场进行施工起重机械和整体提升脚手架、模板等自升式架设设施进行检验检测的检验检测机构，必须具有（　　）。
A．专业资质　　　　　　　　　　B．综合安全监督管理部门核准的资质
C．施工总承包资质　　　　　　　D．起重设备安装工程专业承包企业资质

68．《建设工程安全生产管理条例》规定，对于达到一定规模的危险性较大的分部分项工程，施工单位应当编制（　　）。
A．单项工程施工组织设计　　　　B．安全施工方案
C．专项施工方案　　　　　　　　D．施工组织设计

69．《建设工程安全生产管理条例》规定，施工单位应当对达到一定规模的危险性较大的分

部分项工程编制专项施工方案,并附具(　　)。
A. 安全技术交底　　　　　　　B. 安全验算结果
C. 安全技术措施　　　　　　　D. 安全施工措施

70. 《建设工程安全生产管理条例》规定,施工单位(　　)依法对本单位的安全生产工作全面负责。
A. 主要负责人　　　　　　　　B. 董事长
C. 分管安全生产的负责人　　　D. 总经理

71. 《建设工程安全生产管理条例》规定,施工单位的项目负责人应根据工程的特点组织制定安全施工措施,消除安全事故隐患,(　　)报告生产安全事故。
A. 及时、如实　　B. 调查清楚后　　C. 准时、真实　　D. 及时、全面

72. 《建设工程安全生产管理条例》规定,(　　)负责对安全生产进行现场监督检查。
A. 专职安全生产管理人员　　　B. 工程项目技术人员
C. 工程项目施工员　　　　　　D. 项目负责人

73. 依据《建设工程安全生产管理条例》,对工程监理单位在实施监理过程中行为的叙述,下列哪个是不正确的?(　　)
A. 发现存在安全事故隐患的,应当要求施工单位整改
B. 发现存在安全事故隐患的,应当立即要求施工单位停工整改
C. 安全事故隐患情况严重的,应当要求施工单位暂时停止施工,并及时报告建设单位
D. 施工单位拒不整改或者不停止施工的,工程监理单位应当及时向有关主管部门报告

74. 根据 GB 5306—85《特种作业人员安全技术考核管理规则》的规定,取得操作证的特种作业人员,必须定期进行复审,复审每(　　)一次。
A. 1 年　　　　　B. 2 年　　　　　C. 3 年　　　　　D. 4 年

75. 根据《建筑业企业资质管理规定》(建设部令第 87 号)和《建筑业企业资质等级标准》的规定,从事施工起重机械安装、拆卸施工的单位,应当具备(　　)。
A. 特种设备安装改造维修许可证　　B. 起重设备安装工程专业承包资质
C. 塔式起重机拆装许可证　　　　　D. 起重机械安装许可证

76. 《特种设备安全监察条例》规定的施工起重机械,在验收前应当经(　　)的检验检测机构监督检验合格。
A. 有相应资质　　　　　　　　B. 建设行政主管部门
C. 质量技术监督部门　　　　　D. 安全生产监督管理部门

77. GB 6441—86《企业职工伤亡事故分类标准》规定,死亡事故是指事故发生后当即死亡(含急性中毒死亡)或负伤后在(　　)天内死亡的事故。
A. 7　　　　　　B. 15　　　　　　C. 20　　　　　　D. 30

78. 《企业职工伤亡事故报告和处理规定》(国务院令第 75 号)规定,(　　)事故,由企业负责人或其指定人员组织生产、技术、安全等有关人员以及工会成员参加事故调查

组，进行调查。

A．轻伤 B．重伤 C．轻伤、重伤 D．死亡 2 人以下

79．按照 GB 6442—86《企业职工伤亡事故调查分析规则》的规定，事故的直接原因是指机械、物质或环境的不安全状态和（　　）。

A．没有安全操作规程或不健全 B．人的不安全行为
C．劳动组织不合理 D．对现场工作缺乏检查或指导错误

80．《国务院关于加强安全生产工作的通知》（国发〔1993〕50 号）确定我国实行的安全生产管理体制，不属于的是（　　）。

A．企业负责行业管理 B．国家监察
C．群众监督 D．劳动者遵章守纪

81．《国务院关于进一步加强安全生产的决定》（国发〔2004〕2 号）中指出：要努力构建（　　）的安全生产工作格局。

A．政府统一领导部门依法监管 B．企业全面负责
C．群众参与监督全社会广泛支持 D．劳动者遵章守纪

82．（　　）是安全生产的监管主体，企业是安全生产的责任主体。

A．政府 B．个人 C．企业 D．社会

83．政府是安全生产的监管主体，（　　）是安全生产的责任主体。

A．政府 B．个人 C．企业 D．社会

84．《建筑安全生产管理条例》第三十六条规定："施工单位的（　　）应当经建设行政主管部门或者其他有关部门考核合格后方可任职。

A．主要负责人、项目负责人、专职安全生产管理人员
B．主要负责人、行政领导、专职安全生产管理人员
C．主要负责人、项目负责人、特殊工种
D．主要负责人、行政领导、新进场工人

85．《建筑业企业职工安全培训教育规定》"建筑业新进厂的工人，必须接受（　　）的三级安全培训教育，经考核合格后，方能上岗。

A．质检中心、公司、项目 B．质检中心、项目、班组
C．公司、项目、培训中心 D．公司、项目、班组

86．（　　）制度是"安全生产，预防为主"的具体体现，同时也是群众路线在安全工作中的具体体现。

A．同工同酬 B．群防群治 C．按劳取酬 D．安全生产许可

第三章　建筑施工安全管理体制

1. 生产经营单位是安全生产的责任主体。（　　）
   A．正确　　　　　　　　　　　　　B．错误

2. 政府是安全生产监管的主体。（　　）
   A．正确　　　　　　　　　　　　　B．错误

3. 监理单位是安全生产监管的主体。（　　）
   A．正确　　　　　　　　　　　　　B．错误

4. 建设部是建筑行业安全管理的最高行政机构。（　　）
   A．正确　　　　　　　　　　　　　B．错误

5. 任何单位和个人都有权向负有安全生产监督管理职责的部门报告事故隐患或举报安全生产违法行为。（　　）
   A．正确　　　　　　　　　　　　　B．错误

6. 新闻、出版、广播、电影、电视等单位有进行安全生产宣传教育的义务，有对违反安全生产法律、法规的行为进行舆论监督的权利。（　　）
   A．正确　　　　　　　　　　　　　B．错误

7. 任何单位和个人不得阻挠、干预新闻媒体对安全生产违法行为进行正常的舆论监督。（　　）
   A．正确　　　　　　　　　　　　　B．错误

8. 社会公众的监督、中介机构的监督是安全生产的社会监督。（　　）
   A．正确　　　　　　　　　　　　　B．错误

9. 基层群众自治性组织的监督和新闻媒体的监督是安全生产的社会监督。（　　）
   A．正确　　　　　　　　　　　　　B．错误

10. 《建筑施工企业安全生产管理机构设置及专职安全生产管理人员配备办法》要求建筑施工企业及工程项目中设置独立的安全专管部门。（　　）
    A．正确　　　　　　　　　　　　　B．错误

11. 建筑施工总承包企业安全生产管理机构内的专职安全生产管理人员应当按企业资质类别和等级足额配备，根据企业生产能力或施工规模。（　　）
    A．正确　　　　　　　　　　　　　B．错误

12. 集团公司专职安全生产管理人员人数至少为：10 人/（$10^6 m^2$・年）（生产能力）或 10 人/（10 亿元施工总产值・年），且不少于40人。（　　）

A．正确　　　　　　　　　　　B．错误

13. 工程公司（分公司、区域公司）专职安全生产管理人员人数至少为：10 人/（$10^5 m^2$·年）（生产能力）或 10 人/（1 亿元施工总产值·年），且不少于 30 人。（　　）
    A．正确　　　　　　　　　　　B．错误

14. 专业公司专职安全生产管理人员人数至少为：10 人/（$10^5 m^2$·年）（生产能力）或 10 人/（1 亿元施工总产值·年），且不少于 30 人。（　　）
    A．正确　　　　　　　　　　　B．错误

15. 劳务公司专职安全生产管理人员人数至少为：10 人/50 名施工人员，且不少于 20 人。（　　）
    A．正确　　　　　　　　　　　B．错误

16. 建筑工程、装修工程按照建筑面积大小配备专职安全生产管理人员。（　　）
    A．正确　　　　　　　　　　　B．错误

17. 建筑工程、装修工程 1 万 m^2 及以下的工程专职安全生产管理人员的配置至少 1 人。（　　）
    A．正确　　　　　　　　　　　B．错误

18. 建筑工程、装修工程 1 万～5 万 m^2 的工程专职安全生产管理人员的配置至少 2 人。（　　）
    A．正确　　　　　　　　　　　B．错误

19. 建筑工程、装修工程 5 万 m^2 以上的工程专职安全生产管理人员的配置至少 3 人。（　　）
    A．正确　　　　　　　　　　　B．错误

20. 土木工程、线路管道、设备，专职安全生产管理人员的配置按照安装总造价。（　　）
    A．正确　　　　　　　　　　　B．错误

21. 土木工程、线路管道、设备，5000 万元以下的工程专职安全生产管理人员的配置至少 10 人。（　　）
    A．正确　　　　　　　　　　　B．错误

22. 土木工程、线路管道、设备，5000 万～1 亿元的工程专职安全生产管理人员的配置至少 20 人。（　　）
    A．正确　　　　　　　　　　　B．错误

23. 土木工程、线路管道、设备，1 亿元以上的工程专职安全生产管理人员的配置至少 30 人。（　　）
    A．正确　　　　　　　　　　　B．错误

24. 全面安全管理的"三全"是指全过程、全员、全企业。（　　）
    A．正确　　　　　　　　　　　B．错误

25. 全面安全管理的"三全"是指全社会、全员、全企业。（　　）

A．正确 B．错误

26．全面安全管理的工作方法简称PDCA循环，其中P为计划阶段。（ ）
A．正确 B．错误

27．全面安全管理的工作方法是PDCA循环，其中D为计划阶段。（ ）
A．正确 B．错误

28．全面安全管理的工作方法是PDCA循环，其中C为计划阶段。（ ）
A．正确 B．错误

29．全面安全管理的工作方法是PDCA循环，其中A为计划阶段。（ ）
A．正确 B．错误

30．全面安全管理的工作方法简称PDCA循环，其中D为执行实施阶段。（ ）
A．正确 B．错误

31．全面安全管理的工作方法是PDCA循环，其中D为计划阶段。（ ）
A．正确 B．错误

32．全面安全管理的工作方法是PDCA循环，其中C为检查阶段。（ ）
A．正确 B．错误

33．全面安全管理的工作方法是PDCA循环，其中A为检查阶段。（ ）
A．正确 B．错误

34．全面安全管理的工作方法简称PDCA循环。（ ）
A．正确 B．错误

35．安全员是负责一个任务然后按照指示工作的，而安全工程师是负责一个项目的设计。（ ）
A．正确 B．错误

36．安全员对不认真执行指示的单位或个人，有权越级向上汇报。（ ）
A．正确 B．错误

37．工程监理单位进行施工质量、进度、投资监理的同时进行安全监理。（ ）
A．正确 B．错误

38．对工程建设中的人、机、物、环境及施工全过程进行监督是安全监理监督的内容。（ ）
A．正确 B．错误

39．工程建设中安全监理监督，只管人，对施工机、物、环境等内容不监督。（ ）
A．正确 B．错误

40．安全是质量的基础，安全是进度的前提。（ ）
A．正确 B．错误

41. 质量是"本",安全是"标",两者密不可分。(   )
   A. 正确　　　　　　　　　　　　　　B. 错误

42. 质量是"标",安全是"本",两者密不可分。(   )
   A. 正确　　　　　　　　　　　　　　B. 错误

43. 监理在责任期内,因缺乏应有的谨慎或自身的过失而导致安全事故的发生,监理应承担过失责任,并应按合同约定予以赔偿。(   )
   A. 正确　　　　　　　　　　　　　　B. 错误

44. 监理人员在执行监理任务时不尽职,违反了法律法规的规定,造成了安全事故的发生,应承担制裁性法律后果。(   )
   A. 正确　　　　　　　　　　　　　　B. 错误

45. 监理人员将不合格的建设工程、建筑材料、建筑构配件和设备按照合格签字,造成工程质量事故,由此引发安全事故,应承担制裁性法律后果。(   )
   A. 正确　　　　　　　　　　　　　　B. 错误

46. 监理人员与建设单位或施工企业串通,弄虚作假、降低工程质量,由此引发安全事故,应承担制裁性法律后果。(   )
   A. 正确　　　　　　　　　　　　　　B. 错误

47. 监理人员非法转让监理业务,由此引发安全事故,应承担制裁性法律后果。(   )
   A. 正确　　　　　　　　　　　　　　B. 错误

48. 因施工组织设计中的安全技术措施或者专项施工方案未经监理审查批准,施工单位擅自施工,监理及时下达书面指令予以制止,并将情况及时书面报告建设单位,而发生安全事件的,监理不承担责任。(   )
   A. 正确　　　　　　　　　　　　　　B. 错误

49. 监理在巡视检查过程中,发现存在安全隐患,监理按照法律法规和《建设工程监理规范》的有关规定,及时下达书面指令要求施工单位整改或停止施工,同时将此情况及时报告了建设单位,而发生安全事件的,监理不承担责任。(   )
   A. 正确　　　　　　　　　　　　　　B. 错误

50. 如果施工单位拒不整改或者不停止施工,监理及时向有关主管部门报告,而发生安全事件的,监理不承担责任。(   )
   A. 正确　　　　　　　　　　　　　　B. 错误

51. 监理发现施工单位未按照法律、法规和工程建设强制性标准施工,及时要求施工单位进行整改,或者制止不了其违规行为时,及时向有关主管部门报告,而发生安全事件的,监理不承担责任。(   )
   A. 正确　　　　　　　　　　　　　　B. 错误

52. 在建筑施工中,频发的各类生产事故往往不是由于一种原因造成,而是多种原因诱发

导致。（　　）

A．正确 B．错误

53．人为因素是导致各类施工安全事故频发的首要因素。（　　）

A．正确 B．错误

54．杜绝事故发生，要求上到管理层、下到施工操作人员都要有安全生产意识和自我保护意识，形成人人讲安全、事事讲安全的良好氛围。（　　）

A．正确 B．错误

55．从事施工的一线工人大多文化素质较低，文化水平参差不齐，平时主观能动性差，是发生安全事故的隐患。（　　）

A．正确 B．错误

56．不是任何人都能干得了特种工这一工种的，必须由经过严格的专门培训并考试合格后取得上岗证的人员操作，即所谓的"持证上岗"。（　　）

A．正确 B．错误

57．操作工人的身体必须健康，手脚利索。严禁使用老、弱、病、残人员和童工。（　　）

A．正确 B．错误

58．施工机械设备年久失修或带"病"作业，建筑安全也存在一定的影响。（　　）

A．正确 B．错误

59．安全防护用品本身就存在使用方法是否正确的问题，对建筑施工安全也有很大影响。（　　）

A．正确 B．错误

60．施工过程中，一些安全隐患，比如材质不合格、无合格证及检测报告等，对建筑安全也存在一定的影响。（　　）

A．正确 B．错误

61．安全防护用品常会遇到一些不利于施工的天气，如刮大风、下大雨等，此时如果进行施工就很不安全，尤其是高空作业更危险。（　　）

A．正确 B．错误

62．遇到 5 级以上大风或下大雨等危险施工时间，因工期要求不必停工，以确保施工进度要求。（　　）

A．正确 B．错误

63．缺乏必要的安全生产知识及法律法规的学习、教育、培训，平日疏于管理，必然为日后出现安全事故埋下一颗颗"定时炸弹"。（　　）

A．正确 B．错误

64．（　　）是安全生产的责任主体。

A．政府 B．生产经营单位 C．监理单位 D．建设部

65．（　　）是安全生产监管的主体。
A．政府 B．生产经营单位 C．监理单位 D．建设部

66．（　　）是建筑行业安全管理的最高行政机构。
A．政府 B．生产经营单位 C．监理单位 D．建设部

67．（　　）有权向负有安全生产监督管理职责的部门报告事故隐患或举报安全生产违法行为。
A．只有政府 B．只有生产经营单位
C．只有监理单位 D．任何单位和个人

68．安全生产管理是实现安全生产的重要（　　）。
A．作用 B．保证 C．依据 D．措施

69．安全是（　　）。
A．没有危险的状态
B．没有事故的状态
C．舒适的状态
D．生产系统中人员免遭不可承受危险的伤害

70．我国安全生产的方针是（　　）。
A．安全责任重于泰山 B．质量第一、安全第一
C．管生产必须管安全 D．安全第一、预防为主、综合治理

71．某装修工程装修建筑面积 9000m²，按照建设部关于专职安全生产管理人员配备的规定，该装修工程项目应当至少配备（　　）名专职安全生产管理人员。
A．1 B．2 C．3 D．4

72．某建筑工程建筑面积 3 万 m²，按照建设部关于专职安全生产管理人员配备的规定，该建筑工程项目应当至少配备（　　）名专职安全生产管理人员。
A．1 B．2 C．3 D．4

73．劳务分包企业在建设工程项目的施工人员有 55 人，应当设置（　　）。
A．1 名专职安全生产管理人员 B．2 名兼职安全生产管理人员
C．2 名专职安全生产管理人员 D．1 名专职和 1 名兼职安全生产管理人员

74．某劳务分包企业在某建设工程项目的施工人员有 450 人，按照建设部关于建筑施工企业专职安全生产管理人员配备的有关规定，应当至少设置（　　）名专职安全生产管理人员。
A．1 B．2 C．3 D．4

75．《建筑施工企业安全生产管理机构设置及专职安全生产管理人员配备办法》规定，集团公司专职安全生产管理人员人数至少为：10 人/（10⁶m²·年）（生产能力）或 10 人/（10

亿元施工总产值·年），且不少于（　　）人。

A. 2　　　　　　B. 20　　　　　　C. 4　　　　　　D. 40

76. 《建筑施工企业安全生产管理机构设置及专职安全生产管理人员配备办法》规定，工程公司（分公司、区域公司）专职安全生产管理人员人数至少为：10人/（$10^5 m^2$·年）（生产能力）或10人/（1亿元施工总产值·年），且不少于（　　）人。

A. 2　　　　　　B. 20　　　　　　C. 3　　　　　　D. 30

77. 《建筑施工企业安全生产管理机构设置及专职安全生产管理人员配备办法》规定，专业公司专职安全生产管理人员人数至少为：10人/（$10^5 m^2$·年）（生产能力）或10人/（1亿元施工总产值·年），且不少于（　　）人。

A. 3　　　　　　B. 6　　　　　　C. 9　　　　　　D. 12

78. 《建筑施工企业安全生产管理机构设置及专职安全生产管理人员配备办法》规定，劳务公司专职安全生产管理人员人数至少为：1人/50名施工人员，且不少于（　　）人。

A. 2　　　　　　B. 20　　　　　　C. 3　　　　　　D. 30

79. 建筑工程、装修工程按照建筑面积大小配置专职安全生产管理员，建筑工程、装修工程1万 m² 及以下的工程专职安全生产管理人员的配置至少（　　）人。

A. 4　　　　　　B. 3　　　　　　C. 2　　　　　　D. 1

80. 建筑工程、装修工程按照建筑面积大小配置专职安全生产管理员，建筑工程、装修工程5万 m² 以上的工程专职安全生产管理人员的配置至少（　　）人。

A. 4　　　　　　B. 3　　　　　　C. 2　　　　　　D. 1

81. 建筑工程、装修工程按照建筑面积大小配置专职安全生产管理员，建筑工程、装修工程1万～5万 m² 的工程专职安全生产管理人员的配置至少（　　）人。

A. 4　　　　　　B. 3　　　　　　C. 2　　　　　　D. 1

82. 土木工程、线路管道、设备，专职安全生产管理人员的配置按照安装总造价。5000万元以下的工程专职安全生产管理人员的配置至少（　　）人。

A. 4　　　　　　B. 3　　　　　　C. 2　　　　　　D. 1

83. 土木工程、线路管道、设备，专职安全生产管理人员的配置按照安装总造价。1亿元以上的工程专职安全生产管理人员的配置至少（　　）人。

A. 4　　　　　　B. 3　　　　　　C. 2　　　　　　D. 1

84. 土木工程、线路管道、设备，专职安全生产管理人员的配置按照安装总造价。5000万～1亿元的工程专职安全生产管理人员的配置至少（　　）人。

A. 4　　　　　　B. 3　　　　　　C. 2　　　　　　D. 1

85. 全面安全管理的"三全"是指（　　）。

A. 全过程、全员、全企业　　　　　　B. 动态、产品、文化
C. 全社会、全员、全企业　　　　　　D. 全阶段、全员、全企业

86. 全面安全管理的工作方法简称 PDCA 循环，P 为（　　）阶段。
    A．计划　　　　　B．实施　　　　　C．检查　　　　　D．处理

87. 全面安全管理的工作方法简称 PDCA 循环，D 为（　　）阶段。
    A．计划　　　　　B．实施　　　　　C．检查　　　　　D．处理

88. 全面安全管理的工作方法简称 PDCA 循环，C 为（　　）阶段。
    A．计划　　　　　B．实施　　　　　C．检查　　　　　D．处理

89. 全面安全管理的工作方法简称 PDCA 循环，A 为（　　）阶段。
    A．计划　　　　　B．实施　　　　　C．检查　　　　　D．处理

90. （　　）因素是导致各类施工安全事故频发的首要因素。
    A．人为　　　　　B．机械　　　　　C．材料　　　　　D．环境

91. 国家对矿山企业、（　　）和危险化学品、烟花爆竹、民用爆破器材生产企业（以下统称企业）实行安全生产许可制度。
    A．医院　　　　　B．建筑施工企业　C．食品　　　　　D．铁路

92. 安全生产许可证的有效期为（　　）年。
    A．1　　　　　　B．2　　　　　　C．3　　　　　　D．4

93. 转让安全生产许可证的，没收违法所得，处（　　）的罚款，并吊销其安全生产许可证；构成犯罪的，依法追究刑事责任。
    A．10 万元以上 50 万元以下　　　　B．20 万元以上 50 万元以下
    C．30 万元以上 50 万元以下　　　　D．40 万元以上 50 万元以下

94. 安全三类人员，持 A 证的是（　　）。
    A．企业负责人　　　　　　　　　　B．企业项目负责人
    C．专职安全生产管理人员　　　　　D．一线工人

95. 安全三类人员，持 B 证的是（　　）。
    A．企业负责人　　　　　　　　　　B．企业项目负责人
    C．专职安全生产管理人员　　　　　D．一线工人

96. 安全三类人员，持 C 证的是（　　）。
    A．企业负责人　　　　　　　　　　B．企业项目负责人
    C．专职安全生产管理人员　　　　　D．一线工人

97. 公司安全生产主要责任人的划分：（　　）是本单位安全生产的第一责任人，分管生产的领导和专职安全生产管理员是本单位安全生产的主要责任人。
    A．单位行政第一把手　　　　　　　B．企业项目负责人
    C．专职安全生产管理人员　　　　　D．一线工人

98. 公司安全生产主要责任人的划分：单位行政第一把手是本单位安全生产的第一责任人，分管生产的领导和（　　）是本单位安全生产的主要责任人。
   A．单位行政第一把手　　　　　　B．企业项目负责人
   C．专职安全生产管理人员　　　　D．一线工人

99. 监理在责任期内，因缺乏应有的谨慎或自身的过失而导致安全事故的发生，监理应承担过失责任，应（　　）予以赔偿。
   A．按合同约定　　B．由业主　　C．由施工单位　　D．三方协商

100. 监理人员将不合格的建设工程、建筑材料、建筑构配件和设备按照合格签字，造成工程质量事故，由此引发安全事故，后果应（　　）承担。
    A．按合同约定　　B．由业主　　C．由施工单位　　D．按制裁性法律

101. 监理人员与建设单位或施工企业串通，弄虚作假、降低工程质量，由此引发安全事故，后果应（　　）承担。
    A．按合同约定　　B．由业主　　C．由施工单位　　D．按制裁性法律

102. 监理人员非法转让监理业务，由此引发安全事故，后果应（　　）承担。
    A．按合同约定　　B．由业主　　C．由施工单位　　D．按制裁性法律

103. 因施工组织设计中的安全技术措施或者专项施工方案未经监理审查批准，施工单位擅自施工，监理及时下达书面指令予以制止，并将情况及时书面报告建设单位，而发生安全事件的，监理（　　）责任。
    A．按合同约定承担　　　　　　B．不承担
    C．由施工单位承担　　　　　　D．承担制裁性法律

104. 监理在巡视检查过程中，发现存在安全隐患，监理按照法律法规和《建设工程监理规范》的有关规定，及时下达书面指令要求施工单位整改或停止施工，同时将此情况及时报告了建设单位，而发生安全事件的，监理（　　）责任。
    A．按合同约定承担　　　　　　B．不承担
    C．由施工单位承担　　　　　　D．承担制裁性法律

105. 如果施工单位拒不整改或者不停止施工的，监理及时向有关主管部门报告，而发生安全事件的，监理（　　）责任。
    A．按合同约定承担　　　　　　B．不承担
    C．由施工单位承担　　　　　　D．承担制裁性法律

106. 监理发现施工单位未按照法律、法规和工程建设强制性标准施工，及时要求施工单位进行整改，或者制止不了其违规行为时，及时向有关主管部门报告，而发生安全事件的，监理（　　）责任。
    A．按合同约定承担　　　　　　B．不承担
    C．由施工单位承担　　　　　　D．承担制裁性法律

107. 房屋拆除应当具备保证安全条件的建筑施工单位，由（　　）对安全负责。

A．建筑施工单位负责人 B．专职安全生产管理人员
C．项目经理 D．建设单位负责人

108．专职安全生产管理人员负责对施工现场的安全生产进行监督检查，发现违章指挥，违章操作的，应当（   ）。
A．马上报告有关部门 B．立即制止
C．找有关人员协商 D．通知项目负责人

109．对脚手架工程、施工用电、基坑支护、模板工程、起重吊装作业、塔吊、物料提升机及其他垂直运输设备专业性较强的项目，要单独编制（   ）。
A．特种施工安全技术措施 B．冬期施工安全技术措施
C．夜间施工安全技术措施 D．专项安全施工组织设计

110．施工起重机械和整体提升脚手架、模板等自升式架设设施的使用达到国家规定的检测期限的必须经（   ）检测。
A．安装单位 B．施工企业与监理单位联合
C．具有专业资质的检验检测机构 D．设单位会同施工、监理、安装单位

111．建筑工程安全生产管理必须坚持（   ）的方针。
A．事中控制与事后控制相结合 B．安全第一、预防为主、综合治理
C．先进技术 D．经济效益第一

112．施工单位应当在施工现场的入口处、施工起重机械、临时用电设备、脚手架、出入口通道、楼梯口、电梯井口、预留洞口、桥梁口、隧道口、基坑边沿爆破物及有害危险气体和液体存放等危险部位，设置明显的（   ）。
A．安全提示标志 B．安全宣传标志
C．安全指示标志 D．安全警示标志

113．三级安全教育是指（   ）这三级。
A．企业单位、施工单位、监理单位 B．公司、项目、班组
C．安全制度、施工环境、工程特点 D．公司、总包单位、分包单位

114．工程监理单位在实施管理过程中，发现存在安全事故隐患，应当（   ）。
A．对施工单位进行处罚
B．拒绝分项或分部工程验收签字
C．要求整改，情况严重的要求暂停施工
D．直接向主管部门报告

115．JGJ 59—99《建筑施工安全检查标准》规定，汇总表得分值在（   ）分以上为合格。
A．60 B．70 C．80 D．90

116．高处作业的安全技术措施及其所需料具，必须列入工程（   ）。
A．施工组织设计 B．安全技术交底资料
C．安全责任书 D．图纸会审资料

117. 雨天和雪天进行高处作业时,必须采用措施,下列哪项措施可以不用采用?(　　)。
    A. 防滑　　　　B. 防风　　　　C. 防冻　　　　D. 防寒和防火

118. 工程监理单位进行施工质量、进度、投资监理,不参与施工单位的安全生产管理。(　　)
    A. 正确　　　　　　　　　　B. 错误

119. 按照(　　)的原则,房屋与市政工程由建设行政主管部门负责;公路、水运工程由交通主管部门负责;水利工程由水利主管部门负责;铁道工程由铁道部负责,等等。
    A. 建筑企业实名制　　　　　　B. 质量第一、安全第一
    C. 管生产必须管安全　　　　　D. 安全第一、预防为主、综合治理

第四章 施工现场安全管理

1. 施工现场安全管理的内容,大体可归纳为安全组织管理、场地与设施管理、行为控制和安全技术管理四个方面。（   ）
   A．正确　　　　　　　　　　　　　B．错误

2. 施工现场的安全由施工单位负责,实行施工总承包的工程项目,由总承包单位负责,分包单位向总承包单位负责,服从总承包单位对施工现场的安全管理。（   ）
   A．正确　　　　　　　　　　　　　B．错误

3. 总承包单位和分包单位应当在施工合同中明确安全管理范围,承担各自相应的安全管理责任。总承包单位对分包单位造成的安全事故承担连带责任。（   ）
   A．正确　　　　　　　　　　　　　B．错误

4. 建设单位分段发包或者指定的专业分包工程,分包单位不服从总包单位的安全管理,发生事故的由分包单位承担主要责任。（   ）
   A．正确　　　　　　　　　　　　　B．错误

5. 施工单位应当建立工程项目安全保障体系。工程项目应当建立以第一责任人为核心的分级负责的安全生产责任制。（   ）
   A．正确　　　　　　　　　　　　　B．错误

6. 从事特种作业的人员应当负责本工种的安全生产。（   ）
   A．正确　　　　　　　　　　　　　B．错误

7. 项目施工前,施工单位应当进行安全技术交底,被交底人员应当在书面交底上签字,并在施工中接受安全管理人员的监督检查。（   ）
   A．正确　　　　　　　　　　　　　B．错误

8. 施工现场实行封闭管理,施工安全防护措施应当符合建设工程安全标准。（   ）
   A．正确　　　　　　　　　　　　　B．错误

9. 施工单位应当根据不同施工阶段和周围环境及天气条件的变化,采取相应的安全防护措施。（   ）
   A．正确　　　　　　　　　　　　　B．错误

10. 施工单位应当在施工现场的显著或危险部位设置符合国家标准的安全警示标牌。（   ）
    A．正确　　　　　　　　　　　　　B．错误

11. 施工单位应当对施工中可能导致损害的毗邻建筑物、构筑物和特殊设施等做好专项防护。（   ）

A．正确 B．错误

12. 施工现场暂时停工的，责任方应当做好现场安全防护，并承担所需费用。（　　）
    A．正确 B．错误

13. 施工单位应当根据《中华人民共和国消防法》的规定，建立健全消防管理制度，在施工现场设置有效的消防措施。在火灾易发生部位作业或者储存、使用易燃易爆物品时，应当采取特殊消防措施。（　　）
    A．正确 B．错误

14. 施工单位应当在施工现场采取措施防止或者减少各种粉尘、废气、废水、固体废物及噪声、振动对人和环境的污染和危害。（　　）
    A．正确 B．错误

15. 施工单位应当将施工现场的工作区与生活区分开设置。（　　）
    A．正确 B．错误

16. 施工现场临时搭设的建筑物应当经过设计计算，装配式的活动房屋应当具有产品合格证，项目经理对上述建筑物和活动房屋的安全使用负责。（　　）
    A．正确 B．错误

17. 施工现场应当设置必要的医疗和急救设备。（　　）
    A．正确 B．错误

18. 现场安全检查的内容概括为四句话：有洞必有盖，有台必有栏，有轮必有罩，有轴必有套。（　　）
    A．正确 B．错误

19. 编制施工组织设计或施工方案的人员，必须牢固树立"安全第一"的思想。（　　）
    A．正确 B．错误

20. 作业人员应当遵守建设工程安全标准、操作规程和规章制度，进入施工现场必须正确使用合格的安全防护用具及机械设备等产品。（　　）
    A．正确 B．错误

21. 作业人员有权对危害人身安全、健康的作业条件、作业程序和作业方式提出批评、检举和控告，有权拒绝违章指挥。在发生危及人身安全的紧急情况下，有权立即停止作业并撤离危险区域。管理人员不得违章指挥。（　　）
    A．正确 B．错误

22. 施工单位应当建立安全防护用具及机械设备的采购。使用、定期检查、维修和保养责任制度。（　　）
    A．正确 B．错误

23. 施工单位必须采购具有生产许可证、产品合格证的安全防护用具及机械设备，该用具

和设备进场使用之前必须经过检查，检查不合格的，不得投入使用。（　　）
　　A．正确　　　　　　　　　　　　　　B．错误

24．施工现场的安全防护用具及机械设备必须由专人管理，按照标准规范定期进行检查、维修和保养，并建立相应的资料档案。（　　）
　　A．正确　　　　　　　　　　　　　　B．错误

25．进入施工现场的垂直运输和吊装、提升机械设备应当经检测检验机构在检测检验合格后方可投入使用，检测检验机构对检测检验结果承担相应的责任。（　　）
　　A．正确　　　　　　　　　　　　　　B．错误

26．安全技术措施的实施，定会改善劳动条件，调动职工的积极性，焕发劳动热情，带来经济效益。（　　）
　　A．正确　　　　　　　　　　　　　　B．错误

27．国务院在《关于加强企业生产中安全工作的几项规定》中明确指出："各级领导人员在管理生产的同时，必须负责管理安全工作"。（　　）
　　A．正确　　　　　　　　　　　　　　B．错误

28．国务院在《关于加强企业生产中安全工作的几项规定》中明确指出："企业中各有关专职机构，都应该在各自业务范围内，对实现安全生产的要求负责。"（　　）
　　A．正确　　　　　　　　　　　　　　B．错误

29．安全管理涉及生产活动的方方面面，涉及从开工到竣工交付的全部生产过程，涉及全部的生产时间，涉及一切变化着的生产因素。因此，生产活动中必须坚持全员、全过程、全方位、全天候的动态安全管理。（　　）
　　A．正确　　　　　　　　　　　　　　B．错误

30．项目部应建立职工花名册，认真组织职工开展三级安全教育。新进场工人须接受"三级"安全教育，经考核合格后方可上岗作业。（　　）
　　A．正确　　　　　　　　　　　　　　B．错误

31．项目待岗、转岗、换岗的职工，在重新上岗前，必须接受安全培训，变换工种的应进行新工种的安全教育。（　　）
　　A．正确　　　　　　　　　　　　　　B．错误

32．管理人员、特种作业人员（包括电工、电焊工、机操工、登高工、塔吊司机、指挥等），必须单独建立花名册，应办理书面聘用证明持证上岗。（　　）
　　A．正确　　　　　　　　　　　　　　B．错误

33．脚手架安全技术措施及检查与验收阶段：基础完工及脚手架搭设前；作业层上施加荷载前；每搭设完 10～13m 高度后；达到设计高度后等。（　　）
　　A．正确　　　　　　　　　　　　　　B．错误

34．脚手架安全技术措施及检查与验收阶段：遇到六级大风或大雨后；寒冻地区开冻后；

停用超过一个月等。（　　）
   A．正确　　　　　　　　　　　　B．错误

35．脚手架安全技术措施及检查与验收阶段：多幢建筑要按幢分别组织验收，同一单体建筑落地架和悬挑架也要分开组织验收等。（　　）
   A．正确　　　　　　　　　　　　B．错误

36．脚手架安全技术措施及检查与验收阶段：脚手架验收由项目部上一级安全管理部门组织验收盖章。（　　）
   A．正确　　　　　　　　　　　　B．错误

37．施工现场总平面布置图和安全标志布置平面图、消防设施布置图要求布置合理，有针对性、使用性，并且与现场实际情况一一对应。（　　）
   A．正确　　　　　　　　　　　　B．错误

38．施工现场布置，入口处设置"五牌一图"。（　　）
   A．正确　　　　　　　　　　　　B．错误

39．施工现场的脚手架、防护设施、安全标志和警告牌，不得擅自拆动。需要拆动的，要经工地施工负责人同意。（　　）
   A．正确　　　　　　　　　　　　B．错误

40．施工现场的洞、坑、沟、升降口、漏斗等危险处，应有防护设施或明显标志。（　　）
   A．正确　　　　　　　　　　　　B．错误

41．施工现场要有交通指示标志。危险地区，要悬挂"危险"或"禁止通行"牌。夜间设红灯示警。（　　）
   A．正确　　　　　　　　　　　　B．错误

42．坑槽施工，应经常检查边壁土质稳固情况，发现有裂缝、疏松或支撑走动，要随时采取加固措施。（　　）
   A．正确　　　　　　　　　　　　B．错误

43．爆破作业，必须统一指挥、统一信号，划定安全警戒区，并明确安全警戒人员，在装药、连线开始前，无关人员一律退出作业区。（　　）
   A．正确　　　　　　　　　　　　B．错误

44．在存有易燃、易爆物品场所，或有瓦斯的洞内，照明设备必须采取防爆措施。（　　）
   A．正确　　　　　　　　　　　　B．错误

45．施工现场电气设备和线路（包括照明、手持电动工具等）应配装触电保护器，以防止因潮湿漏电和绝缘损坏引起触电及设备事故。（　　）
   A．正确　　　　　　　　　　　　B．错误

46．架子车、斗车、自卸车在沟边缘卸料时，驾驶员应听从指挥，注意标志和挡车设施，

防止车辆下滑与倾倒。（　　）
A．正确　　　　　　　　　　　　B．错误

47. 建设行政主管部门或者其他有关部门可以将施工现场的监督检查委托给（　　）具体实施。
A．建设单位　　　　　　　　　　B．建设工程安全监督机构
C．工程监理单位　　　　　　　　D．施工总承包单位

48. 工程监理单位和监理工程师应当按照法律法规和工程建设强制性标准实施监理，并对建设工程安全生产承担（　　）责任。
A．全部　　　　B．连带　　　　C．监理　　　　D．主要

49. 检验检测机构对检测合格的施工起重机械和整体提升脚手架、模板等自升式架设设施，应当出具安全合格证明文件，并对（　　）负责。
A．生产厂家　　B．建设单位　　C．检测设备　　D．检测结果

50. 施工单位对因建设工程施工可能造成损害的毗邻建筑物、构筑物和地下管线等，应当采取（　　）。
A．防范措施　　　　　　　　　　B．安全保护措施
C．专项防护措施　　　　　　　　D．隔离措施

51. 下列哪个属于运用预防原理的原则？（　　）
A．封闭原则　　　　　　　　　　B．整分合原则
C．因果关系原则　　　　　　　　D．动力原则

52. （　　）是建筑施工企业所有安全规章制度的核心。
A．安全检查制度　　　　　　　　B．安全技术交底制度
C．安全教育制度　　　　　　　　D．安全生产责任制度

53. （　　）对建设工程项目的安全施工负责。
A．专职安全管理人员　　　　　　B．工程项目技术负责人
C．项目负责人　　　　　　　　　D．施工单位负责人

54. 专职安全生产管理人员发现安全事故隐患，应当及时向（　　）报告。
A．项目技术人员　　　　　　　　B．项目负责人
C．安全生产管理机构　　　　　　D．项目负责人和安全生产管理机构

55. 分包单位应当服从总承包单位的安全生产管理，分包单位不服从管理导致生产安全事故的，分包单位承担（　　）责任。
A．全部　　　　B．连带　　　　C．主要　　　　D．部分

56. 工程项目实行施工总承包的，分包单位发生生产安全事故，由（　　）负责统计上报。
A．工程监理单位　　　　　　　　B．分包单位
C．总承包单位　　　　　　　　　D．建设单位

57. 建筑施工企业安全生产责任制的考核周期应当按（　　）确定。
    A．每年 1 次　　　　　　　　　　B．每季度 1 次
    C．有关法律法规规定的时间周期　　D．企业考核办法中规定的考核时间周期

58. 安全目标的措施体系是安全目标实现的（　　）。
    A．目的　　　B．保证　　　C．原则　　　D．前提

59. （　　）是组织工程施工的纲领性文件，是保证安全生产的基础。
    A．安全技术交底　　　　B．施工组织设计
    C．安全操作规程　　　　D．企业规章制度

60. 按照建设部的有关规定，对达到一定规模的危险性较大的分部分项工程中涉及深基坑、地下暗挖工程、高大模板工程的专项施工方案，施工单位应当组织（　　）进行论证、审查。
    A．专家　　　　　　　　B．监理工程师
    C．施工单位技术人员　　D．专业监理工程师

61. 施工组织设计以及达到一定规模的危险性较大的分部分项工程的专项施工方案经（　　）审批签字后，方可实施。
    A．施工单位技术负责人
    B．工程监理单位总监理工程师
    C．工程项目技术负责人和工程监理单位监理工程师
    D．施工单位技术负责人和工程监理单位总监理工程师

62. 《建设工程安全生产管理条例》规定，施工单位的主要负责人、项目负责人、专职安全生产管理人员应当经（　　）考核合格后方可任职。
    A．建设部　　　　　　　　B．建设行政主管部门或者其他有关部门
    C．安全生产综合管理部门　D．劳动和社会保障部门

63. 根据建设部的有关规定，省、自治区、直辖市人民政府（　　）负责本行政区域内中央管理以外的建筑施工企业主要负责人、项目负责人和专职安全生产管理人员的安全生产考核和发证工作。
    A．安全生产委员会　　　　B．建设行政主管部门
    C．安全生产综合管理部门　D．劳动和社会保障部门

64. 根据建设部的有关规定，建筑施工企业主要负责人、项目负责人和专职安全生产管理人员的安全生产考核内容包括（　　）。
    A．安全生产知识和法律法规知识　B．安全生产知识和管理能力
    C．法律法规知识和管理能力　　　D．安全生产知识和安全生产业绩

65. 根据建设部的有关规定，施工单位（　　）的工人，必须接受三级安全培训教育，经考核合格后，方能上岗。
    A．转岗　　　B．新入场　　　C．变换工种　　　D．从事特种作业

66. 垂直运输机械作业人员、安装拆卸工、爆破作业人员、起重信号工、登高架设作业人员等特种作业人员，必须按照国家有关规定经过（　　）培训，并取得特种作业操作资格证书后，方可上岗作业。
   A．专门的安全作业　　　　　　　　B．三级教育
   C．安全教育　　　　　　　　　　　D．安全技能

67. 施工单位应当对管理人员和作业人员每年（　　）安全生产教育培训，其教育培训情况记入个人工作档案。
   A．进行一次　　B．至少进行一次　　C．进行二次　　D．至少进行二次

68. 施工单位在采用新技术、新工艺、新设备、新材料时，应当对（　　）进行相应的安全生产教育培训。
   A．施工班组长　　B．项目施工员　　C．作业人员　　D．项目负责人

69. 施工单位使用的施工起重机械和整体提升脚手架、模板等自升式架设设施，应当向（　　）登记。
   A．建设行政主管部门或者其他有关部门
   B．质量技术监督部门
   C．安全生产综合管理部门
   D．建设单位

70. 施工单位使用的施工起重机械和整体提升脚手架、模板等自升式架设设施，应当向建设行政主管部门或者其他有关部门登记。（　　）应当置于或者附着于该设备的显著位置。
   A．登记标记　　B．登记证明　　C．登记标志　　D．登记资质

71. 国家对严重危及施工安全的工艺、设备、材料实行（　　）制度。
   A．淘汰　　B．报废　　C．监控　　D．定期检测

72. 施工现场的安全防护用具、机械设备、施工机具及配件必须由专人管理，定期进行检查、维修和保养，建立相应的资料档案，并按照国家有关规定及时（　　）。
   A．停用　　B．报废　　C．淘汰　　D．检测

73. 施工单位应当根据建设工程施工的特点、范围，对施工现场（　　）进行监控，制定施工现场生产安全事故应急救援预案。
   A．事故隐患　　　　　　　　　　　B．危险源
   C．危险部位　　　　　　　　　　　D．易发生重大事故部位、环节

74. 在施工中发生危及人身安全的紧急情况时，作业人员有权立即停止作业或者在采取（　　）措施后撤离危险区域。
   A．断水断电　　B．必要的应急　　C．紧急　　D．防范

75. 施工现场应设"六牌两图"。"两图"是指（　　）。
   A．施工现场总平面图、建筑工程立面（或效果）图
   B．施工现场总平面图、建筑工程立体图

C．施工现场安全标志平面图、建筑现场临电布置图
D．施工现场排水平面图、施工现场安全标志平面图

76．施工现场应该设置"两栏一报"，即（　　）。
A．读报栏、宣传栏和墙报　　　　B．读报栏、宣传栏和黑板报
C．悬挂栏、张贴栏和黑板报　　　D．防护栏、隔离栏和简报

77．根据 GB 2893—2008《安全色》，安全色分为红、黄、蓝、绿四种颜色，分别表示（　　）。
A．禁止、指令、警告和提示　　　B．指令、禁止、警告和提示
C．禁止、警告、指令和提示　　　D．提示、禁止、警告和指令

78．根据 GB 2894—2008《安全标志及其使用导则》，安全标志"禁止抛物""当心扎脚""必须戴防尘口罩"分别属于（　　）。
A．警告标志、禁止标志、指令标志　　B．禁止标志、指令标志、警告标志
C．禁止标志、指令标志、提示标志　　D．禁止标志、警告标志、指令标志

79．下列关于安全标志含义的叙述，不正确的是（　　）。
A．禁止标志，含义是不准或制止人们某种行为
B．警告标志，含义是警告人们当心、小心、注意
C．指令标志，含义是必须遵守
D．提示标志，含义是提示人们不能去做

80．施工现场同一位置必须同时设置不同类型、多个安全标志牌时，应当按照（　　）的排列设置。
A．警告、禁止、指令、提示的顺序，先右后左，先上后下
B．警告、禁止、指令、提示的顺序，先左后右，先上后下
C．警告、禁止、指令、提示的顺序，先左后右，先下后上
D．提示、指令、禁止、警告的顺序，先左后右，先上后下

81．建筑施工企业从事建筑施工活动前，应当向（　　）申请领取安全生产许可证。
A．国家安全生产监督局　　　　　B．建设部
C．省级及省级以上建设主管部门　D．设区的市建设行政主管部门

82．对于隐瞒有关情况或者提供虚假材料申请安全生产许可证的，省建筑工程管理部门不予受理，该企业（　　）之内不得再次申请安全生产许可证。
A．1个月　　　B．3个月　　　C．6个月　　　D．1年

83．建筑施工企业取得安全生产许可证后，应当加强日常安全生产管理，不得降低安全生产条件，并接受（　　）的监督检查。
A．安全生产综合监督管理部门
B．省建筑工程管理部门
C．县级以上人民政府建设（建筑）行政主管部门

D．设区的市建设行政主管部门

84．JGJ/T 77—2010《施工企业安全生产评价标准》自（   ）起实施。
A．2010 年 10 月 1 日　　　　　　B．2010 年 11 月 1 日
C．2010 年 12 月 1 日　　　　　　D．2011 年 1 月 1 日

85．依据 JGJ/T 77—2010《施工企业安全生产评价标准》，施工企业安全生产评价的内容包括安全生产条件单项评价、安全生产业绩单项评价及由以上两项单项评价组合而成的（   ）综合评价。
A．安全生产管理工作　　　　　　B．安全生产管理水平
C．安全生产管理目标　　　　　　D．安全生产能力

86．依据《施工企业安全生产评价标准》，安全生产条件、安全生产业绩单项评价和安全生产能力综合评价结果分为（   ）等级。
A．合格、不合格　　　　　　　　B．合格、基本合格、不合格
C．优良、合格、不合格　　　　　D．优良、合格、基本合格、不合格

87．省建筑业主管部门负责全省的建筑施工企业安全生产评价的（   ）工作。
A．指导、协调　　B．指导、监督　　C．指导、审查　　D．检查、核准

88．事故隐患泛指生产系统中导致事故发生的（   ），哪一项不属于事故隐患？
A．人的不安全行为　　　　　　　B．自然因素
C．物的不安全状态　　　　　　　D．管理上的缺陷

89．安全生产是为了使生产过程在符合物质条件和工作程序下进行，防止发生人身伤亡、财产损失等事故，采取的一系列措施和活动。下列哪一项不属于安全生产？（   ）
A．控制自然灾害的破坏　　　　　B．保障人身安全和健康
C．环境免遭破坏　　　　　　　　D．设备和设施免遭损坏

90．下列哪项不属于安全技术标准规范规程？（   ）
A．JGJ 80—2016《建筑施工高处作业安全技术规范》
B．GB 50319—2013《建设工程监理规范》
C．JGJ 33—2012《建筑机械使用安全技术规程》
D．JGJ 59—2011《建筑施工安全检查标准》

91．下列哪个部门制定并颁布的安全生产方面的具体工作制度不属于安全生产规章制度？（   ）
A．国家　　　　　　B．行业主管部门　　C．地方政府　　　D．企业技术部门

92．不属于 20 世纪 90 年代建设部编写出台的建筑安全技术标准规范的是（   ）。
A．建筑施工安全检查标准
B．建筑工程施工许可管理办法
C．建筑施工扣件式钢管脚手架安全技术规范
D．龙门架及井架物料提升机安全技术规范

93. 按照建设部关于建筑施工专职安全生产管理人员职责的有关规定,哪条不是企业安全生产管理机构负责人应当履行的职责?( )
    A．适时修订企业安全生产规章制度
    B．调配各级安全生产管理人员
    C．进行建设工程项目的安全技术交底
    D．监督、指导并评价企业各部门或分支机构的安全生产管理工作

94. 按照建设部关于建筑施工专职安全生产管理人员职责的有关规定,哪条不是企业安全生产管理机构工作人员应当履行的职责?( )
    A．调配建设工程项目的安全生产管理人员
    B．负责安全生产相关数据统计
    C．安全防护和劳动保护用品配备及检查
    D．施工现场安全督查

95. 下列施工单位的作业人员中哪些不属于我省规定的特种作业人员?( )
    A．架子工   B．钢筋工   C．电工   D．电(气)焊工

96. 事故报告中可以不包括下列哪项内容?( )
    A．工程规模、类型、结构
    B．建设单位的名称、资质等级和资质证书编号
    C．基本建设程序履行情况
    D．项目负责人和项目总监的姓名、资质等级和资质证书编号

97. 施工现场围挡应沿工地四周连续设置,使用的材料应( )。
    A．能够循环使用   B．稳定   C．整洁美观   D．坚固

98. 施工单位应当根据建设工程施工的特点、范围,对施工现场( )进行监控,制定施工现场生产安全事故应急救援预案。
    A．事故隐患   B．危险源
    C．危险部位   D．易发生重大事故部位、环节

99. 下列关于施工场地划分的叙述,不正确的是( )。
    A．施工现场的办公区、生活区应当与作业区分开设置
    B．办公生活区应当设置于在建建筑物坠落半径之外,否则,应当采取相应措施
    C．生活区与作业区之间进行明显的划分隔离,是为了美化场地
    D．功能区的规划设置时还应考虑交通、水电、消防和卫生、环保等因素

100. 施工现场的场地可以采用哪种方式适当硬化?( )
    A．必须做混凝土地面
    B．有条件的做混凝土地面,无条件的可以采用石屑、焦渣、砂头等方式硬化
    C．不得采用石屑、焦渣、砂头等方式硬化
    D．素土即可

101. 下列关于施工现场的叙述，不正确的是（　　）。
    A．施工现场应具有良好的排水系统，废水不得直接排入市政污水管网和河流
    B．现场存放的油料、化学溶剂等应设有专门的库房，地面应进行防渗漏处理
    C．为了美化环境和防止扬尘，暖季应适当绿化
    D．地面应保持干燥清洁

102. 建筑施工现场的围挡高度，一般路段应高于（　　）。
    A．1.5m　　　　B．1.8m　　　　C．2.0m　　　　D．2.5m

103. 下列关于建筑施工现场办公、生活等临时设施的选址的叙述，哪项是不正确的？（　　）
    A．不能满足安全距离要求的，任何情况下都不能设置
    B．应考虑与作业区相隔离，周边环境必须具有安全性，如不得设置在高压线下
    C．不得设置在沟边、崖边、河流边、强风口处、高墙下
    D．不得设置在滑坡、泥石流等灾害地质带上和山洪可能冲击到的区域

第五章 土 方 工 程

1. 土方工程包括开挖过程中的基坑降水、排水、土壁支护等辅助工程。（　　）
   A．正确　　　　　　　　　　　　B．错误

2. 建筑施工安全成为土方工程施工中很突出的问题，其中大部分是由土方塌方造成的。（　　）
   A．正确　　　　　　　　　　　　B．错误

3. 土方开挖后，为保证边坡稳定，需采用放坡或人工拍实等方法。（　　）
   A．正确　　　　　　　　　　　　B．错误

4. 为了防止事故的发生，土方开挖施工前，应详细调查、分析和核对实测地形图、水文地质、工程地质等勘察资料。（　　）
   A．正确　　　　　　　　　　　　B．错误

5. 土方工程相邻基坑施工时应有降排水方法技术措施。（　　）
   A．正确　　　　　　　　　　　　B．错误

6. 土方开挖时，挖掘应按自上而下的顺序进行，严禁先挖坡脚。（　　）
   A．正确　　　　　　　　　　　　B．错误

7. 防止深基坑挖土后土体回弹变形过大，在基坑开挖过程中和开挖后，均应保持降水措施正常工作。（　　）
   A．正确　　　　　　　　　　　　B．错误

8. 防止深基坑挖土后土体回弹变形过大，在挖至设计标高后，尽快浇筑护坡和垫层。（　　）
   A．正确　　　　　　　　　　　　B．错误

9. 滑坡地段挖土方，遵循先开挖后整治的施工顺序。（　　）
   A．正确　　　　　　　　　　　　B．错误

10. 滑坡地段挖土方，基槽开挖应分段进行，并加设支撑，开挖一段就要做好这段的挡土墙措施。（　　）
    A．正确　　　　　　　　　　　　B．错误

11. 在群桩基础的桩施工完后，停留一定时间，用降水设备预抽地下水，使土中由于打桩积聚的应力有所释放。（　　）
    A．正确　　　　　　　　　　　　B．错误

12. 前进向上、强制切土是正铲挖土机的挖土特点。（　　）
    A．正确　　　　　　　　　　　　B．错误

13. 在较深的基坑中，挡土结构的支撑不宜使用自立式（悬臂式）形式。（   ）
   A．正确   B．错误

14. 在土方工程中，土的含水量对边坡稳定、填土压实、降水方法、挖土机选择均有影响。（   ）
   A．正确   B．错误

15. 在确定开挖方式，确定开挖时的留弃土量，计算填方所需挖方体积，进行土方的平衡调配时需考虑土的可松性。（   ）
   A．正确   B．错误

16. 土的渗透性主要取决于土体的水力坡度、孔隙特征。（   ）
   A．正确   B．错误

17. 影响填土压实质量的主要因素有机械的吨位或冲击力、压实遍数、每层铺土厚度、土的含水量。（   ）
   A．正确   B．错误

18. 大型基坑开挖、路基填筑、石方挖运工程适用于铲运机。（   ）
   A．正确   B．错误

19. 淤泥、膨胀土、有机质含量多于8%的土，含水溶性硫酸盐多于5%的土不能作为填土的土料。（   ）
   A．正确   B．错误

20. 某装修工程装修建筑面积 9000m²，按照建设部关于专职安全生产管理人员配备的规定，该装修工程项目应当至少配备1名专职安全生产管理人员。（   ）
   A．正确   B．错误

21. 某建筑工程建筑面积3万 m²，按照建设部关于专职安全生产管理人员配备的规定，该建筑工程项目应当至少配备2名专职安全生产管理人员。（   ）
   A．正确   B．错误

22. 按照建设部的有关规定，开挖深度超过 3m（含 3m）的基坑、槽的土方开挖工程应当编制专项施工方案。（   ）
   A．正确   B．错误

23. 设计单位对因建筑工程施工可能造成损害的毗邻建筑物、构筑物和地下管线时，应当采取专项防护措施。（   ）
   A．正确   B．错误

24. 开挖至坑底标高后，应及时下道工序基础工程施工，减少暴露时间。（   ）
   A．正确   B．错误

25. 相邻基坑深浅不等时，一般应按先深后浅的顺序施工。（   ）

A．正确　　　　　　　　　　　　　B．错误

26．在饱和黏性土、粉土的施工现场可以先开挖基坑再打桩边。（　　）
A．正确　　　　　　　　　　　　　B．错误

27．深基坑四周设防护栏杆，人员上下要有专用爬梯。（　　）
A．正确　　　　　　　　　　　　　B．错误

28．土方的开挖顺序，方法必须与设计情况相一致，并遵循开槽支撑、先撑后挖，分层开挖，严禁超挖的原则。（　　）
A．正确　　　　　　　　　　　　　B．错误

29．浇注水下混凝土时，导管应始终埋入混凝土中不小于3～4m。（　　）
A．正确　　　　　　　　　　　　　B．错误

30．对厚度大而面积较小的大体积设备基础，浇筑混凝土时应采取分期浇筑方案。（　　）
A．正确　　　　　　　　　　　　　B．错误

31．护壁应高出地面150～200mm是人工挖孔桩安全措施之一。（　　）
A．正确　　　　　　　　　　　　　B．错误

32．操作人员必须带防护眼镜才能使用风镐。（　　）
A．正确　　　　　　　　　　　　　B．错误

33．土的渗透系数同土的颗粒大小、可松性、密度有关。（　　）
A．正确　　　　　　　　　　　　　B．错误

34．土体抵抗渗流破坏的能力指土方稳定性。（　　）
A．正确　　　　　　　　　　　　　B．错误

35．土体渗透破坏的主要形式是土的渗透变形。（　　）
A．正确　　　　　　　　　　　　　B．错误

36．开挖面积较大，深度较浅的基坑一般采用锚着式支撑法。（　　）
A．正确　　　　　　　　　　　　　B．错误

37．钢横挡板支撑可以用于地下水位较低，深度和宽度不很大的黏性或砂土层。（　　）
A．正确　　　　　　　　　　　　　B．错误

38．开挖深度没超过2.0m的密实、中密的砂土和碎石土质挖方边坡可做成直立壁不加支撑。（　　）
A．正确　　　　　　　　　　　　　B．错误

39．土方边坡坡度＝H/B＝1/(B/H)＝1∶M。（　　）
A．正确　　　　　　　　　　　　　B．错误

40．土方放坡形式是由场地土开挖深度、周围环境、技术经济的合理性等因素决定的。（　　）

A．正确 B．错误

41．土方放坡形式有直线形、曲线形、阶梯形、分级形。（　　）
A．正确 B．错误

42．土体的稳定条件是：在土体的重力及外部荷载作用下所产生的剪应力小于土体的抗剪强度。（　　）
A．正确 B．错误

43．当地质条件良好，土质均匀且地下水位低于基坑（槽）或管沟底面标高时，开挖深度没超过相关规定，挖方边坡可做成直立壁加支撑。（　　）
A．正确 B．错误

44．开挖深度没超过 4.0m 的密实、中密的砂土和碎石类土，挖方边坡可做成直立壁不加支撑。（　　）
A．正确 B．错误

45．坚硬的黏土开挖深度没超过 2m 挖方边坡可做成直立壁不加支撑。（　　）
A．正确 B．错误

46．在建筑稠密地区施工，有时不允许按要求放坡的宽度开挖，或有防止地下水渗入基坑要求时，就需要用支护结构支撑土壁。（　　）
A．正确 B．错误

47．开挖较窄的沟槽，多用垂直支撑式土壁支撑。（　　）
A．正确 B．错误

48．锚着式支撑一般采用在开挖面积较大、深度不大的基坑。（　　）
A．正确 B．错误

49．沟槽深度较大，下部含水的基坑或使用机械挖土一般采用水平垂直混合支撑法。（　　）
A．正确 B．错误

50．基坑深度小于 5m，或邻近有建筑物可不设锚拉杆，采用加密桩或加大桩径处理。（　　）
A．正确 B．错误

51．地下连续墙适用于以下情况：坑深大，土质差，地下水位高；邻近有建（构）筑物，采用逆作法施工。（　　）
A．正确 B．错误

52．人工开挖一般用在开挖深度不大，工程量较小的工程。（　　）
A．正确 B．错误

53．基坑深度小于 6m，或邻近有建筑物可不设锚拉杆，采用预制桩或加大桩径处理。（　　）
A．正确 B．错误

54．对于有流沙危害的基坑施工，应采用沉井或人工降低地下水的施工方法。（　　）
　　A．正确　　　　　　　　　　　　B．错误

55．利用混凝土逐渐施工形成的圆壳体来做挡土墙的基坑施工方法叫挖孔桩。（　　）
　　A．正确　　　　　　　　　　　　B．错误

56．土方开挖，禁止采用分层开挖的操作法。（　　）
　　A．正确　　　　　　　　　　　　B．错误

57．为了避免大雨冲刷影响边坡稳定，留置时间长的边坡表面宜拍打严实。（　　）
　　A．正确　　　　　　　　　　　　B．错误

58．人工挖槽沟，应先沿灰线直边切出槽边轮廓线。（　　）
　　A．正确　　　　　　　　　　　　B．错误

59．挖孔桩是利用混凝土逐渐施工形成的圆壳体来做挡土墙的。（　　）
　　A．正确　　　　　　　　　　　　B．错误

60．人工挖槽沟，应分步或分层向下开挖，每步土层厚度100~200mm。（　　）
　　A．正确　　　　　　　　　　　　B．错误

61．开挖深度超过2m的基坑，必须在边沿处设立一道护身栏。（　　）
　　A．正确　　　　　　　　　　　　B．错误

62．在深井内作业时，应采取通风和测毒措施。（　　）
　　A．正确　　　　　　　　　　　　B．错误

63．在沟、槽、坑边堆放土方、材料时，应至少距坑边80cm。（　　）
　　A．正确　　　　　　　　　　　　B．错误

64．在沟槽、坑边堆放土方、材料时，高度不超过2.5m。（　　）
　　A．正确　　　　　　　　　　　　B．错误

65．施工地下室采用砖砌墙做挡土和模板时，土方的分层回填应与混凝土的浇筑同时进行。（　　）
　　A．正确　　　　　　　　　　　　B．错误

66．在沟槽内的作业人员必须佩戴安全口罩。（　　）
　　A．正确　　　　　　　　　　　　B．错误

67．土方工程中，用潜水泵抽水时，抽水泵必须安装漏电保护，以免发生触电事故。（　　）
　　A．正确　　　　　　　　　　　　B．错误

68．用爆破方法开挖，部分用风镐适合于六类土（次坚石）的开挖方法及工具。（　　）
　　A．正确　　　　　　　　　　　　B．错误

69．人工填土的野外鉴定方法，从浸入水中的现象来鉴定：大部分变为稀软淤泥，其余部

分为碎瓦、炉渣在水中单独出现。（　　）

  A．正确   B．错误

70．土方开挖前勘察，勘察范围应根据开挖深度及场地条件确定，应大于开挖边界外按开挖深度4倍以上范围布置勘探点。（　　）

  A．正确   B．错误

71．土方工程应贯彻先设计后施工、先开挖后支撑、边施工边监测、边施工边治理原则。（　　）

  A．正确   B．错误

72．坑（槽）沟边1m以内不得堆土、堆料，不得停放机械。（　　）

  A．正确   B．错误

73．土方挖掘方法、挖掘顺序应根据支护方案和降排水要求进行。（　　）

  A．正确   B．错误

74．土方开挖，遇到软土基坑无可靠措施时应从底部开挖，层高不宜超过1m。（　　）

  A．正确   B．错误

75．人工开挖时，两个人操作间距应保持4～5m。（　　）

  A．正确   B．错误

76．深基坑的支护结构，随着挖土加深侧压力加大，变形增大，周围地面沉降亦加大。及时加设支撑，尤其是施加预紧力的支撑，对减少变形和沉降有很大的作用。（　　）

  A．正确   B．错误

77．深基坑施工，减少支护结构的变形，很多情况下是先支撑后挖土。（　　）

  A．正确   B．错误

78．对先打桩后挖土的工程，由于打桩时的挤土和动力波的作用，使原来处于静平衡状态的地基土遭到破坏，由于开挖时的应力，再加上挖土高差形成一侧卸荷和侧向推力，容易出现滑坡现象。（　　）

  A．正确   B．错误

79．土质的最初可松性系数为K_s'=土经回填压实后的体积（m³）/土在天然状态下的体积（m³）。（　　）

  A．正确   B．错误

80．在土方填筑时，常以土的干密度作为土的夯实标准。（　　）

  A．正确   B．错误

81．填土的密实度常以设计规定的可松性系数作为控制标准。（　　）

  A．正确   B．错误

82．填方过程中，若采用的填料具有不同透水性，宜将透水性较大的填料填在下部。（　　）

A．正确　　　　　　　　　　　　B．错误

83. 填方工程施工应由下至上分层填筑。（　　）
    A．正确　　　　　　　　　　　　B．错误

84. 某工程使用端承桩基础，基坑拟采用放坡开挖，其坡度大小与坡顶荷载及排水情况无关。（　　）
    A．正确　　　　　　　　　　　　B．错误

85. 在支护结构中，钢板桩既能挡土又有止水作用。（　　）
    A．正确　　　　　　　　　　　　B．错误

86. 密排桩间加注浆桩在支护结构中，无止水作用。（　　）
    A．正确　　　　　　　　　　　　B．错误

87. 某管沟宽度为8m，降水轻型井点在平面上宜采用双排布置形式。（　　）
    A．正确　　　　　　　　　　　　B．错误

88. 某轻型井点采用环状布置，井点管埋设面距基坑底的垂直距离为4m，井点管至基坑中心线的水平距离为10m，则井点管的埋设深度（不包括滤管长）至少应为5.5m。（　　）
    A．正确　　　　　　　　　　　　B．错误

89. 观察验槽的重点应选择在基坑中心点。（　　）
    A．正确　　　　　　　　　　　　B．错误

90. 某工程开挖大型基坑，长80m，宽30m，开挖深度为4m，二类土，地下水位较高。挖土机可选用反铲挖土机、拉铲挖土机。（　　）
    A．正确　　　　　　　　　　　　B．错误

91. 进行轻型井点设计时，若其达不到降水深度要求，则可采用加大井点密度与集水井法结合使用，改用其他井点形式方法。（　　）
    A．正确　　　　　　　　　　　　B．错误

92. 土方填筑时，常用的压实方法有碾压法、夯实法、振动压实法。（　　）
    A．正确　　　　　　　　　　　　B．错误

93. 土方边坡的坡度，应根据工程造价、坡上荷载情况、使用期、边坡高度确定。（　　）
    A．正确　　　　　　　　　　　　B．错误

94. 土方开挖时，挖掘应按自上而下的顺序进行，严禁先挖基槽。（　　）
    A．正确　　　　　　　　　　　　B．错误

95. 土体的稳定条件是在土体的压力及内部荷载作用下所产生的剪应力小于土体的抗剪强度。（　　）
    A．正确　　　　　　　　　　　　B．错误

96. 造成土方塌方的原因：①土体边坡大于土体自然休止角时导致土体平衡状态失稳塌方；②土体浸水后内凝聚力减弱形成松散土体后失稳坍塌。（　　）
   A．正确　　　　　　　　　　　　B．错误

97. 对于现场预制钢筋混凝土方桩的制作，桩的混凝土强度等级不应低于C20。（　　）
   A．正确　　　　　　　　　　　　B．错误

98. 需要分段开挖及浇筑混凝土护壁（0.5～1.0m为一段），且施工设备简单，对现场周围原有建筑的影响小，施工质量可靠的灌注桩指的是人工挖孔灌注桩。（　　）
   A．正确　　　　　　　　　　　　B．错误

99. 锤击打桩法进行打桩时，宜采用重锤低击、低提重打的方式，可取得良好的效果。（　　）
   A．正确　　　　　　　　　　　　B．错误

100. 在河岸淤泥质土层中做直径为600mm的灌注桩时，应采用人工挖孔成孔方法。（　　）
    A．正确　　　　　　　　　　　　B．错误

101. 土方边坡的边坡系数是以底宽与土方每层开挖深度之比表示。（　　）
    A．正确　　　　　　　　　　　　B．错误

102. 当基坑施工深度超过2m时，坑边应按照高处作业的要求设置临边防护。（　　）
    A．正确　　　　　　　　　　　　B．错误

103. 土方工程包括开挖过程中的辅助工程是（　　）。
    A．基坑降水、排水、土壁支护等　　B．基坑降水、开挖、排水等
    C．开挖、排水、土壁支护等

104. 常见的土方工程包括（　　）。
    A．基坑（槽）开挖、地坪填土、基坑（槽）回填及路基填筑等
    B．场地平整、基坑（槽）开挖、地坪填土、基坑（槽）回填及路基填筑等
    C．场地平整、基坑（槽）开挖、地坪填土及路基填筑等

105. 建筑施工安全成为土方工程施工中很突出的问题，其中大部分是由（　　）原因造成的。
    A．土方塌方　　B．爆破　　C．机械　　D．电器伤害

106. 我国将土按照（　　）分为松软土、普通土、坚土、砂砾坚土、软石、次坚石、坚石、特坚石等八类。
    A．坚硬程度和开挖方法　　　　B．坚硬程度和开挖方法及使用工具
    C．开挖方法及使用工具

107. 土方开挖后，为保证边坡稳定，需采用（　　）等方法。
    A．放坡或人工拍实　　　　　　B．放坡或支护
    C．人工拍实

108. 为了防止事故的发生，土方开挖施工前，应详细调查、分析和核对的勘察资料有（　　）。
    A．实测地形图、水文地质、工程地质等勘察资料
    B．地下各类管道、电缆通信等勘察资料
    C．实测地形图、地下各类管道、水文地质等勘察资料

109. 土方工程相邻基坑施工时应有什么技术措施？（　　）
    A．防止相互干扰　　　　　　　B．支撑，护坡
    C．降排水方法

110. 土方开挖时，挖掘应按（　　）顺序进行，严禁先挖坡脚。
    A．自下而上　　　B．自上而下　　　C．以上都可以

111. 开挖至坑底标高后，应及时进行（　　）施工，减少暴露时间。
    A．护坡工程　　　B．管道工程　　　C．下道工序基础工程

112. 防止深基坑挖土后土体回弹变形过大，在基坑开挖过程中和开挖后，均应保持（　　）正常工作。
    A．泥土运输　　　B．降水措施　　　C．支撑措施

113. 防止深基坑挖土后土体回弹变形过大，在挖至设计标高后，尽快（　　）。
    A．浇筑垫层和底板　　　　　　B．浇筑护坡和底板
    C．浇筑护坡和垫层

114. 滑坡地段挖土方时，不宜在（　　）施工。
    A．旱季　　　B．雨季　　　C．春季　　　D．冬季

115. 滑坡地段挖土方，遵循（　　）施工顺序。
    A．先开挖后整治　　　　　　　B．先开挖后检查
    C．先整治后开挖

116. 抗滑挡土墙要尽量在（　　）施工。
    A．旱季　　　B．雨季　　　C．冬季　　　D．春季

117. 滑坡地段挖土方，基槽开挖应分段进行，并加设支撑，开挖一段就要做好这段的（　　）措施。
    A．将土拍打　　　B．降水　　　C．挡土墙

118. 开挖过程中如发现滑坡现象（如裂缝、滑动等）时，所有人员（　　）。
    A．撤至安全地点　　　　　　　B．停止施工，观察
    C．继续施工

119. 在群桩基础的桩施工完后，是否需要停留，用降水设备预抽地下水，使土中由于打桩积聚的应力有所释放？（　　）

A．不需要停留　　B．停留一定时间　　C．稍作停留

120. 在土石方工程中，据开挖的难易程度可将土石分为八类，其中（　　）属于六类土。
A．软石　　　　B．坚石　　　　C．次坚石　　　　D．特坚石

121. 可进行场地平整、基坑开挖、土方压实、松土的机械是（　　）。
A．推土机　　　B．铲运机　　　C．平地机　　　　D．摊铺机

122. 地下连续墙适用于（　　）。
A．坑深大，土质差，地下水位高，邻近有建（构）筑物，采用逆作法施工
B．沟槽深度较大，下部含水的基坑或使用机械挖土
C．地下水位较低，深度和宽度不很大的黏性或砂土层

123. 铲运机适用于（　　）工程。
A．中小型基坑开挖　　　　　B．大面积场地平整
C．河道清淤　　　　　　　　D．挖土装车

124. 正铲挖土机的挖土特点是（　　）。
A．后退向下，强制切土　　　B．前进向上，强制切土
C．后退向下，自重切土　　　D．直上直下，自重切土

125. 对河道清淤工程，适用的挖土机械是（　　）。
A．正铲　　　B．反铲　　　C．拉铲　　　D．抓铲

126. 在较深的基坑中，挡土结构的支撑不宜使用（　　）形式。
A．自立式（悬臂式）　　　　B．锚拉式
C．土层锚杆　　　　　　　　D．坑内水平式

127. 根据开挖的难易程度对岩土进行分类，以便于（　　）。
A．选择施工机具，确定施工方法，计算劳动量，计算工程费用
B．确定施工方法，确定地基承载能力，计算劳动量，计算工程费用
C．计算劳动量，确定地基承载能力，选择施工机具，计算工程费用

128. 在土方工程中，土的含水量对（　　）均有影响。
A．挖土难易、边坡稳定、降水方法、填土压实
B．边坡稳定、挖土难易、挖土机选择、填土压实
C．边坡稳定、填土压实、降水方法、挖土机选择

129. 在（　　）时需考虑土的可松性。
A．进行土方的平衡调配、计算填方所需挖方体积、确定开挖方式、计算运土机具数量
B．计算填方所需挖方体积、进行土方的平衡调配、确定开挖时的留弃土量、计算运土机具数量
C．确定开挖方式、确定开挖时的留弃土量、计算填方所需挖方体积、进行土方的平衡调配

130. 土的渗透性主要取决于土体的（　　）。
    A．含水量、水力坡度　　　　　　B．水力坡度、孔隙特征
    C．开挖深度、孔隙特征　　　　　D．水力坡度、含水量

131. 影响填土压实质量的主要因素有（　　）。
    A．机械的吨位或冲击力、压实遍数、每层铺土厚度、土的含水量
    B．压实遍数、每层铺土厚度、土的含水量
    C．每层铺土厚度、土的含水量、土质
    D．土质、机械的吨位或冲击力、压实遍数、每层铺土厚度

132. 为提高推土机的生产效率，可采用（　　）的施工方法。
    A．环形路线、多铲集运、下坡推土、并列推土
    B．多铲集运、下坡推土、并列推土、槽形推土
    C．下坡推土、并列推土、槽形推土
    D．并列推土、并列推土、槽形推土、环形路线

133. 铲运机适用于（　　）工程。
    A．大面积场地平整、大型基坑开挖、路基填筑
    B．大型基坑开挖、路基填筑、石方挖运
    C．路基填筑、路基填筑、石方挖运
    D．石方挖运、大面积场地平整、大型基坑开挖

134. 为了提高铲运机的工作效率，可采用的施工方法有（　　）。
    A．下坡铲土法、助铲法、侧铲法　　　B．并列法、下坡铲土法、助铲
    C．跨铲法、助铲法、侧铲法　　　　　D．助铲法、下坡铲土法、跨铲法

135. 拉铲挖土机的开挖方式有（　　）。
    A．定位开挖，沟侧开挖　　　　　B．正向挖土，侧向卸土
    C．正向挖土，后方卸土　　　　　D．沟端开挖、沟侧开挖

136. 不能作为填土的土料有（　　）。
    A．淤泥、砂土、膨胀土、有机质含量多于8%的土
    B．砂土、含水溶性硫酸盐多于5%的土
    C．膨胀土、有机质含量多于8%的土、含水溶性硫酸盐多于5%的土
    D．淤泥、膨胀土、有机质含量多于8%的土、含水溶性硫酸盐多于5%的土

137. 某装修工程装修建筑面积9000m²，按照建设部关于专职安全生产管理人员配备的规定，该装修工程项目应当至少配备（　　）名专职安全生产管理人员。
    A．1　　　　　B．2　　　　　C．3　　　　　D．4

138. 某建筑工程建筑面积3万m²，按照建设部关于专职安全生产管理人员配备的规定，该建筑工程项目应当至少配备（　　）名专职安全生产管理人员。
    A．1　　　　　B．2　　　　　C．3　　　　　D．4

139. 按照建设部的有关规定，开挖深度超过（　　）的基坑、槽的土方开挖工程应当编制专项施工方案。
    A．3m（含3m）　　B．5m　　C．5m（含5m）　　D．8m

140. 挖掘机作业时（　　）不得在铲斗回转半径范围内停留。
    A．任何人　　B．非工作人员　　C．工程技术人员　　D．围观群众

141. 施工单位对因建筑工程施工可能造成损害的毗邻建筑物、构筑物和地下管线时，应当采取（　　）。
    A．防范措施　　B．安全保护措施　　C．隔离措施　　D．专项防护措施

142. 机械的吨位或冲击力、压实遍数、每层铺土厚度、土的含水量是影响（　　）主要因素。
    A．人工挖土质量　　B．挖掘机挖土质量
    C．填土压实质量

143. 开挖至（　　）后，应及时下道工序基础工程施工，减少暴露时间。
    A．坑底标高　　B．管道工程　　C．基坑中段

144. 挖掘机作业时任何人不得在铲斗（　　）范围内停留。
    A．附近　　B．回转半径　　C．工作场地

145. 相邻基坑深浅不等时，一般应按（　　）的顺序施工。
    A．先深后浅　　B．先浅后深
    C．先大后小　　D．先小后大

146. 下面哪句话是对的？（　　）
    A．在饱和黏性土、粉土的施工现场可以边打桩边开挖基坑
    B．在饱和黏性土、粉土的施工现场可以先开挖基坑再打桩边
    C．在饱和黏性土、粉土的施工现场不得边打桩边开挖基坑

147. 深基坑四周设（　　），人员上下要有专用爬梯。
    A．防护栏杆　　B．安全标志　　C．红灯警示

148. 土的类别越大，越难开挖，其可松性（　　）。
    A．越小　　B．无变化　　C．变大　　D．趋于零

149. 土方的开挖顺序、方法必须与设计情况相一致，并遵循开槽支撑、（　　）严禁超挖的原则。
    A．先撑后挖、分层开挖　　B．先挖后撑、分层开挖
    C．先撑后挖、分段开挖　　D．先挖后撑、分段开挖

150. 浇注水下混凝土时，导管应始终埋入混凝土中不小于（　　）。
    A．3～4m　　B．0.3～0.5m　　C．0.8m　　D．2m

151. 对厚度大而面积较小的大体积设备基础，浇筑混凝土时应采取（　　）方案。
    A．全面分层　　　　B．斜面分层　　　　C．分段分层　　　　D．分期浇筑

152. 填土方压实的方法有（　　）。
    A．碾压法、振动压实法、夯实法　　　　B．碾压法、振动压实法、水灌法
    C．水灌法、堆载法、碾压法　　　　　　D．堆载法、夯实法、水灌法

153. 人工降低地下水位的井点降水法有（　　）。
    A．轻型井点、集水井排水　　　　B．集水井排水、喷射井点
    C．喷射井点、深井井点

154. 人工挖孔桩安全措施包括（　　）。
    A．照明电压采用110V　　　　　B．护壁应高出地面150～200mm
    C．孔径小于1m可不设安全软梯

155. 当土方挖到一定深度时，边坡均应做（　　），防止塌方。
    A．一定的坡度　　　B．拍打严实土质　　　C．排水坡

156. 在使用风镐时，操作人员必须戴（　　）。
    A．防护眼镜　　　　B．防护口罩　　　　C．防护带

157. 土的渗透系数同土的颗粒大小、级配、（　　）有关。
    A．渗水性　　　　　B．可松性　　　　　C．密度

158. 土力学中所涉及的大多数对象，都适用于（　　）。
    A．达西渗流定律　　B．墨菲定律　　　　C．能量守恒定律

159. 土方稳定性指（　　）。
    A．土体抵抗渗流破坏的能力　　　　B．土体抵抗压力破坏的能力
    C．土体抵抗自然界破坏的能力

160. 土的（　　）是土体渗透破坏的主要形式。
    A．压力变形　　　　B．松懈变形　　　　C．渗透变形

161. （　　）的沟槽多用横撑式土壁支撑。
    A．开挖较窄　　　　B．开挖较宽　　　　C．开挖较浅

162. （　　）的基坑一般采用锚着式支撑法开挖。
    A．面积较大、深度较浅　　　　B．开挖面积较大、深度不大
    C．开挖面积较大、深度较深

163. 地下水位较低，深度和宽度不很大的黏性或砂土层一般采用（　　）支撑。
    A．钢横挡板支撑　　B．钢板桩支撑　　　C．钢构架支撑

164. 开挖深度没超过1.0m的（　　）土质挖方边坡可做成直立壁不加支撑。

A．密实、中密的砂土和碎石 B．硬塑、可塑的粉土及粉质黏土
C．硬塑、可塑的黏土和碎石类

165．开挖深度没超过 1.5m 的（　　）土质挖方边坡可做成直立壁不加支撑。
A．中密的砂土和碎石类 B．可塑的黏土和碎石
C．硬塑、可塑的黏土和碎石类

166．（　　）称为放坡。
A．机械沟槽及基坑如果土层深度较深，为了防止坍塌和保证安全，需要将沟槽或基坑边壁修成一定的倾斜坡度
B．人工沟槽及基坑如果土层深度较深，土质较差，为了防止坍塌和保证安全，需要将沟槽或基坑边壁修成一定的倾斜坡度
C．人工沟槽及基坑如果土层深度较深，土质较差，为了防止坍塌和保证安全，需要将沟槽或基坑边壁拍打严实

167．土方边坡坡度＝（　　）。
A．$H/B=1/(H/B)=1:M$ B．$H/B=1/(B/H)=1:M$
C．$B/H=1/(B/H)=1:M$

168．土方放坡形式是由场地土（　　）、周围环境、技术经济的合理性等因素决定的。
A．土方松懈性 B．含水性 C．开挖深度

169．土方放坡形式有直线形、（　　）、阶梯形、分级形。
A．V 字形 B．折线形 C．曲线形

170．土体的稳定条件是：在土体的重力及外部荷载作用下所产生的剪应力小于土体的（　　）。
A．抗剪强度 B．抗压强度 C．抗拉强度

171．在基坑开挖和地下结构施工中，必须防止（　　）。
A．流沙 B．流水 C．石子 D．石块

172．当地质条件良好，土质均匀且地下水位低于基坑（槽）或管沟底面标高时，开挖深度没超过相关规定，挖方边坡可做成（　　）。
A．斜坡不加支撑 B．直立壁不加支撑 C．直立壁加支撑

173．密实、中密的砂土和碎石类土开挖深度没超过（　　）挖方边坡可做成直立壁不加支撑。
A．1.0m B．2.0m C．3.0m D．4.0m

174．硬塑、可塑的粉土及粉质黏土开挖深度没超过（　　）挖方边坡可做成直立壁不加支撑。
A．1.00m B．1.25m C．1.5m D．1.75m

175．硬塑、可塑的黏土和碎石类土开挖深度没超过（　　）挖方边坡可做成直立壁不

加支撑。

A．1.00m B．1.25m C．1.5m D．1.75m

176．坚硬的黏土开挖深度没超过（　　）挖方边坡可做成直立壁不加支撑。

A．1.5m B．2m C．2.5m D．3m

177．在建筑稠密地区施工，有时不允许按要求放坡的宽度开挖，或有防止地下水渗入基坑要求时，就需要用（　　）支撑土壁。

A．支护结构 B．平衡结构 C．抗压结构

178．开挖较窄的沟槽，多用（　　）土壁支撑。

A．斜撑式 B．横撑式 C．垂直支撑式

179．开挖面积较大、深度不大的基坑一般采用（　　）支撑法。

A．斜柱式 B．平衡式 C．锚着式

180．型钢横挡板支撑适用于（　　）。

A．地下水位较高、深度和宽度不很大的黏性或砂土层
B．地下水位较低、深度和宽度大的黏性或砂土层
C．地下水位较低、深度和宽度不很大的黏性或砂土层

181．沟槽深度较大、下部含水的基坑或使用机械挖土一般采用（　　）支撑法。

A．水平垂直混合 B．水平连续混合 C．连续或间接

182．一般地下水位、深度和宽度不很大的黏性或沙土层的基坑一般采用（　　）支撑法。

A．钢板桩 B．横挡板 C．钢构架

183．基坑深度小于（　　），或邻近有建筑物可不设锚拉杆，采用加密桩或加大桩径处理。

A．3m B．4m C．5m D．6m

184．（　　）适用于坑深大、土质差、地下水位高，邻近有建（构）筑物，采用逆作法施工的工程。

A．地下连续墙 B．水平垂直混合支撑
C．锚着式支撑

185．人工开挖一般适用于（　　）的工程。

A．开挖深度大、工程量较小 B．开挖深度不大、工程量较小
C．开挖深度较深、工程量较小

186．基坑深度小于6m，或邻近有建筑物可不设锚拉杆，采用（　　）或加大桩径处理。

A．摩擦桩 B．预制桩 C．加密桩

187．开挖深度不大、工程量较小的工程，一般采用（　　）。

A．机械开挖 B．打桩 C．人工开挖

188．对于有流沙危害的基坑施工，应采用（　　）的施工方法。

A．沉井或人工降低地下水　　　　B．护壁或人工降低地下水
   C．沉井或护壁

189．利用混凝土逐渐施工形成的圆壳体来做挡土墙的基坑施工方法叫（　　）。
   A．端承桩　　　　B．挖孔桩　　　　C．爆破桩

190．土方开挖，禁止采用（　　）的操作法。
   A．先下后上　　　　B．底脚挖空　　　　C．分层开挖

191．为了避免大雨冲刷影响边坡稳定，留置时间长的边坡表面宜（　　）。
   A．抹水泥砂浆　　　　B．拍打严实　　　　C．设支撑杆

192．人工挖槽沟，应先沿（　　）切出槽边轮廓线。
   A．灰线直边　　　　B．安全线直边　　　　C．警戒线直边

193．对于有（　　）的基坑施工，应采用沉井或人工降低地下水的施工方法。
   A．流沙危害　　　　B．土质松懈　　　　C．地下水

194．挖孔桩是利用（　　）逐渐施工形成的圆壳体来做挡土墙的。
   A．流沙　　　　B．泥土　　　　C．混凝土

195．人工挖槽沟，应分步或分层向下开挖，每步土层厚度（　　）。
   A．100～200mm　　B．150～250mm　　C．200～300mm　　D．300～350mm

196．人工挖槽沟，应分步或分层向下开挖，每层厚度（　　）。
   A．300～500mm　　B．400～600mm　　C．600～700mm　　D．700～900mm

197．开挖深度超过2m的基坑，必须在边沿处设立（　　）。
   A．两道护身栏　　　　B．一道护身栏　　　　C．两道安全线

198．在（　　）时，应采取通风和测毒措施。
   A．桩坑　　　　B．浅坑作业　　　　C．深井内作业

199．基础两侧以及建筑内的回填土常采用（　　）。
   A．机械填筑法　　　　B．人工填筑法　　　　C．都可以

200．在沟、槽、坑边堆放土方、材料时，应至少距坑边（　　）。
   A．60cm　　　　B．70cm　　　　C．80cm　　　　D．90cm

201．在沟、槽、坑边堆放土方、材料时，高度不超过（　　）。
   A．1.5m　　　　B．2m　　　　C．2.5m

202．施工地下室采用砖砌墙做挡土和模板时，土方的分层回填应与混凝土的浇筑（　　）。
   A．先前进行　　　　B．同时进行　　　　C．退后进行

203．在沟槽内的作业人员必须佩戴（　　）。
   A．安全帽　　　　B．警戒符号　　　　C．安全标志

204. 六类土（次坚石）的开挖方法及工具是（　　）。
    A．用爆破方法开挖，部分用风镐
    B．用镐或撬棍、大锤挖掘，部分使用爆破方法
    C．用爆破方法开挖
    D．全部用镐、条锄挖掘，少许用撬棍挖掘

205. 人工填土的野外鉴定方法，从浸入水中的现象来鉴定：（　　）。
    A．大部分变为稀软淤泥，其余部分为碎瓦、炉渣在水中单独出现
    B．外观无显著变化，在水面出现气泡
    C．即行崩散分成颗粒集团，在水面上出现很多白色液体
    D．极易崩碎，变为稀软淤泥，其余部分为植物根、动物残体渣滓悬浮于水中

206. 土方开挖前勘察，勘察范围应根据开挖深度及场地条件确定，应大于开挖边界外按开挖深度（　　）以上范围布置勘探点。
    A．4倍　　　　B．3倍　　　　C．2倍　　　　D．1倍

207. 土方开挖前设计，针对基坑开挖深度、范围大小，综合考虑（　　）以及对周边环境采取的措施。
    A．支护方案、土方开挖、降排水方法　　B．地形图、水文地质、工程地质
    C．实测地形图、地下各类管道　　D．地下各类管道、电缆通信等勘察资料

208. 土方工程应贯彻（　　）原则。
    A．先设计后施工、先开挖后支撑、边施工边监测、边施工边治理
    B．先设计后施工、先支撑后开挖、边施工边监测、边施工边治理
    C．先施工后设计、先支撑后开挖、边施工边监测、边施工边治理
    D．先施工后设计、先开挖后支撑、边施工边监测、边施工边治理

209. 在坑边堆放弃土、材料和移动施工机械，应与坑边保持一定距离；坑（槽）沟边（　　）m以内不得堆土、堆料，不得停放机械。
    A．1　　　　B．2　　　　C．3　　　　D．4

210. 当基坑开挖深度大于相邻建筑的基础深度时，应采取（　　）措施。
    A．排水及护坡　　　　　　　　B．人工拍实土或水泥护坡
    C．保持一定距离或采取边坡支撑加固

211. 土方挖掘方法、挖掘顺序应根据（　　）要求进行。
    A．支护方案和降排水　　　　　B．地下各类管道、水文地质等勘察
    C．水文地质、工程地质

212. 土方开挖，遇到软土基坑无可靠措施时应分层均衡开挖，层高不宜超过（　　）。
    A．0.5m　　　　B．1m　　　　C．1.5m　　　　D．2m

213. 人工开挖时，两个人操作间距应保持（　　）。
    A．1～2m　　　　B．2～3m　　　　C．3～4m　　　　D．4～5m

214. 用挖土机施工时,挖土机的作业范围内,不得进行其他作业;且应至少保留（ ）厚不挖,最后由人工修挖至设计标高。
   A．0.3m　　　　　B．0.4m　　　　　C．0.5m　　　　　D．0.6m

215. 当基坑施工深度超过（ ）时,坑边应按照高处作业的要求设置临边防护。
   A．1m　　　　　　B．2m　　　　　　C．3m　　　　　　D．4m

216. 深基坑的支护结构,随着挖土加深侧压力加大,变形增大,周围地面沉降亦加大,及时加设支撑,尤其是施加（ ）的支撑,对减少变形和沉降有很大的作用。
   A．预紧力　　　　B．压力　　　　　C．平衡力

217. 深基坑施工,减少支护结构的变形,很多情况下是（ ）。
   A．先挖土后支撑　　　　　　　B．先支撑后挖土
   C．先观察土质后挖土

218. 对先打桩后挖土的工程,由于打桩时的挤土和动力波的作用,使原来处于静平衡状态的地基土遭到破坏,由于开挖时的应力,再加上挖土高差形成一侧卸荷和侧向推力,容易出现（ ）现象。
   A．桩位移和倾斜　　B．滑坡现象　　　C．泥土流失

219. 土质的最初可松性系数为（ ）。
   A．K_s＝土经回填压实后的体积（m³）/土在天然状态下的体积（m³）
   B．K_s＝土经开挖后的松散体积（m³）/土在天然状态下的体积（m³）
   C．K_s＝土在天然状态下的体积（m³）/土经开挖后的松散体积（m³）

220. 根据土的坚硬程度,可将土分为八类,其中前四类土由软到硬的排列顺序为（ ）。
   A．松软土、普通土、坚土、砂砾坚土
   B．普通土、松软土、坚土、砂砾坚土
   C．松软土、普通土、砂砾坚土、坚土
   D．坚土、砂砾坚土、松软土、普通土

221. 土的天然含水量是指（ ）之比的百分率。
   A．土中水的质量与所取天然土样的质量
   B．土中水的质量与土的固体颗粒质量
   C．土的孔隙与所取天然土样体积
   D．土中水的体积与所取天然土样体积

222. 在土方填筑时,常以土的（ ）作为土的夯实标准。
   A．可松性　　　　B．天然密度　　　C．干密度　　　　D．含水量

223. 填土的密实度常以设计规定的（ ）作为控制标准。
   A．可松性系数　　B．孔隙率　　　　C．渗透系数　　　D．压实系数

224. 基坑（槽）的土方开挖时,以下说法中不正确的是（ ）。

A．当土体含水量大且不稳定时，应采取加固措施
B．一般应采用"分层开挖，先撑后挖"的开挖原则
C．开挖时如有超挖应立即填平
D．在地下水位以下的土，应采取降水措施后开挖

225．填方工程中，若采用的填料具有不同透水性时，宜将透水性较大的填料（　　）。
  A．填在上部   B．填在中间
  C．填在下部   D．与透水性小的填料掺杂

226．填方工程施工（　　）。
  A．应由下至上分层填筑   B．必须采用同类土填筑
  C．当天填土，应隔天压实   D．基础墙两侧应分别填筑

227．反铲挖土机能开挖（　　）。
  A．停机面以上的一至四类土的大型干燥基坑及土丘等
  B．停机面以下的一至三类土的基坑、基槽或管沟等
  C．停机面以下的一至二类土的基坑、基槽及填筑路基、堤坝等
  D．停机面以下的一至二类土的窄而深的基坑、沉井等

228．抓铲挖土机适于开挖（　　）。
  A．山丘土方   B．场地平整土方
  C．水下土方   D．大型基础土方

229．某工程使用端承桩基础，基坑拟采用放坡开挖，其坡度大小与（　　）无关。
  A．持力层位置   B．开挖深度与方法
  C．坡顶荷载及排水情况   D．边坡留置时间

230．在土质均匀、湿度正常、开挖范围内无地下水且敞漏时间不长的情况下，对较密实的砂土和碎石类土的基坑或管沟开挖深度不超过（　　）时，可直立开挖不加支撑。
  A．1.00m   B．1.25m   C．1.0m   D．2.00m

231．以下支护结构中，既有挡土又有止水作用的支护结构是（　　）。
  A．混凝土灌注桩加挂网抹面护壁   B．密排式混凝土灌注桩
  C．土钉墙   D．钢板桩

232．以下支护结构中，无止水作用的支护结构是（　　）。
  A．H形钢桩加横插板   B．地下连续墙
  C．深层搅拌水泥土墙   D．密排桩间加注浆桩

233．某管沟宽度为8m，降水轻型井点在平面上宜采用（　　）布置形式。
  A．单排   B．双排   C．环形   D．U形

234．某轻型井点采用环状布置，井点管埋设面距基坑底的垂直距离为4m，井点管至基坑中心线的水平距离为10m，则井点管的埋设深度（不包括滤管长）至少应为（　　）。

A. 5m B. 5.5m C. 6m D. 6.5m

235. 观察验槽的内容不包括（　　）。
   A. 基坑（槽）的位置、尺寸、标高和边坡是否符合设计要求
   B. 是否已挖到持力层
   C. 槽底土的均匀程度和含水量情况
   D. 降水方法与效益

236. 观察验槽的重点应选择在（　　）。
   A. 基坑中心点 B. 基坑边角处
   C. 受力较大的部位 D. 最后开挖的部位

237. 土石方工程中，填筑与压实的施工要求有（　　）。
   A. 从最低处开始，由下向上按整个宽度分层填压。应在基础两侧或四周同时进行回填压实当天填土，应在当天压实
   B. 填方必须采用同类土填筑从最低处开始，由下向上按整个宽度分层填压
   C. 应在基础两侧或四周同时进行回填压实，填方必须采用同类土填筑
   D. 当天填土，应在当天压实，填方由下向上一层完成

238. 某工程开挖大型基坑，长80m，宽30m，开挖深度为4m，二类土，地下水位较高。挖土机可选用（　　）。
   A. 铲运机、正铲挖土机 B. 正铲挖土机、抓铲挖土机
   C. 反铲挖土机、拉铲挖土机 D. 拉铲挖土机、抓铲挖土机
   E. 抓铲挖土机、铲运机

239. 进行轻型井点设计时，若其达不到降水深度要求，则可采用（　　）方法。
   A. 降低井点管埋设面、采用多级井点、与集水井法结合使用、改用其他井点形式
   B. 采用多级井点、加大井点密度、与集水井法结合使用
   C. 加大井点密度、与集水井法结合使用、改用其他井点形式
   D. 改用其他井点形式、降低井点管埋设面、采用多级井点

240. 钎探打钎时，同一工程应保证（　　）一致。
   A. 钎径、锤重、用力（或落距）
   B. 锤重、用力（或落距）、每贯入30cm深的锤击数
   C. 用力（或落距）、每贯入30cm深的锤击数、相邻钎的打入时间
   D. 每贯入30cm深的锤击数、相邻钎的打入时间、用力（或落距）

241. 土的天然密度随着（　　）而变化。
   A. 颗粒组成、孔隙多少、水分含量、渗透系数、水力坡度
   B. 孔隙多少、渗透系数、水力坡度、颗粒组成、水分含量
   C. 水分含量、孔隙多少、渗透系数、水力坡度、颗粒组成

242. 从建筑施工的角度,可将土石分为八类,其中根据( )可将土石分为八类。
   A. 粒径大小   B. 承载能力   C. 坚硬程度   D. 孔隙率

243. 正铲挖土机适宜开挖( )。
   A. 停机面以下的一至四类土的大型基坑
   B. 有地下水的基坑
   C. 停机面以上的一至四类土的大型基坑
   D. 独立柱基础的基坑

244. 土方填筑时,常用的压实方法有( )。
   A. 水灌法、碾压法、夯实法   B. 碾压法、夯实法、振动压实法
   C. 堆载法、夯实法、振动压实法   D. 夯实法、水灌法、振动压实法

245. 为了提高铲运机的工作效率,常采用的开行路线有( )。
   A. 一字形、环形   B. 环形、8字形
   C. Z形、U形   D. 8字形、U形

246. 土方边坡的坡度,应根据( )确定。
   A. 土质、坡上荷载情况、使用期、边坡高度
   B. 工程造价、坡上荷载情况、使用期、边坡高度
   C. 坡上荷载情况、工程造价、坡上荷载情况
   D. 使用期、工程造价、坡上荷载情况、边坡高度

247. 在临边堆放弃土,材料和移动施工机械应与坑边保持一定距离,当土质良好时,要距坑边( )远。
   A. 0.5m 以外,高度不超 0.5m   B. 1m 以外,高度不超 1.5m
   C. 1m 以外,高度不超 1m   D. 1.5m 以外,高度不超 2m

248. 基坑(槽)的排水方法可分为( )。
   A. 集水井法、排水沟法
   B. 排水沟法、集水井抽水法
   C. 集水井抽水法、人工降低地下水位法
   D. 明排水法、人工降低地下水位法

249. 土方开挖时,挖掘应按( )顺序进行,严禁( )。正确的是( )。
   A. 自下而上,先挖基槽   B. 自上而下,先挖坡脚
   C. 以上都可以   D. 以上都严禁

250. 滑坡地段挖土方,基槽开挖应分段进行,并加设( ),开挖一段就要做好这段的( )措施,正确的是( )。
   A. 护坡 将土拍打   B. 人手 降水   C. 支撑 挡土墙

251. 能作为填土的土料有( )。

63

A．淤泥 B．砂土
C．膨胀土 D．有机质含量多于8%的土

252．从浸入水中的现象来鉴定，大部分变为稀软淤泥，其余部分为碎瓦、炉渣在水中单独出现的是（　　）的野外鉴定方法。
A．人工填土　　B．沙土　　C．淤泥　　D．粉质黏土

253．在土方填筑时，常以土的干密度作为土的（　　）。
A．填土标准　　B．护坡标准　　C．夯实标准

254．桩间挖土，系指桩顶设计标高以下的挖土及设计标高以上（　　）范围内的挖土。
A．0.5m　　B．1m　　C．1.5m　　D．2m

255．场地平整，系指建筑物所在现场厚度在（　　）以内的就地挖、填及平整。
A．0.3m　　B．0.5m　　C．0.8m　　D．1m

256．基坑深度超过（　　）、地下室为（　　）以上，地质条件和周围特别复杂及工程影响重大时，有关设计和施工方案，施工单位要协同建设单位组织评审后，报市建设行政主管部门备案。正确的是（　　）。
A．12m，一层或一层以上　　B．13m，二层或二层以上
C．14m，三层或三层以上

257．夜间施工时，应合理安排施工项目，防止挖方超挖或铺填超厚。施工现场应根据需要安设照明设施，在危险地段应设置（　　）。
A．亮大灯警示　　B．红灯警示　　C．安全标志警示

258．某沟槽的宽度为4.0m，轻型井点的平面布置宜采用（　　）布置形式。
A．单排井点　　B．U形井点　　C．双排井点　　D．环形井点

259．土方边坡的边坡系数是以（　　）之比表示的。
A．土方开挖深度与底宽　　B．土方每层开挖深度与底宽
C．底宽与土方每层开挖深度　　D．土方每层开挖深度与土方总开挖深度

260．在河岸淤泥质土层中做直径为600mm的灌注桩时，应采用（　　）成孔方法。
A．螺旋钻钻孔法　　B．套管成孔法
C．爆扩法　　D．人工挖孔法

261．锤击打桩法进行打桩时，宜采用（　　）的方式，可取得良好的效果。
A．重锤低击，低提重打　　B．重锤高击，低提重打
C．轻锤低击，高提重打　　D．轻锤高击，高提重打

262．需要分段开挖及浇筑混凝土护壁（0.5～1.0m为一段），且施工设备简单，对现场周围原有建筑的影响小，施工质量可靠的灌注桩指的是（　　）。
A．钻孔灌注桩　　B．沉管灌注桩
C．人工挖孔灌注桩　　D．爆扩灌注桩

263. 对于现场预制钢筋混凝土方桩的制作，下列说法正确的是（　　）。
    A．桩的混凝土强度等级不应低于 C20
    B．浇筑完毕应覆盖洒水养护不少于 7 天
    C．浇筑时应由桩尖向桩顶连续进行，严禁中断

264. 造成土方塌方的原因是（　　）。
    A．土体边坡大于土体自然休止角时导致土体平衡状态失稳塌方，土体浸水后内凝聚力减弱形成松散土体后失稳坍塌
    B．土体边坡小于土体自然休止角时导致土体平衡状态失稳塌方，土体浸水后内凝聚力减弱形成松散土体后失稳坍塌
    C．土体边坡大于土体自然休止角时导致土体平衡状态失稳塌方，土体浸水后内凝聚力增加形成松散土体后失稳坍塌

265. 土方放坡形式是由（　　）等因素决定的。
    A．含水性、开挖深度、周围环境、技术经济的合理性
    B．场地土、开挖深度、含水性、技术经济的合理性
    C．场地土、开挖深度、周围环境、技术的合理性
    D．场地土、开挖深度、周围环境、技术经济的合理性

266. 土方放坡形式有（　　）。
    A．直线形、曲线形、阶梯形、分级形　　B．直线形、折线形、阶梯形、曲线形
    C．直线形、折线形、阶梯形、分级形　　D．曲线形、折线形、阶梯形、分级形

267. 土体的稳定条件是（　　）。
    A．在土体的压力及内部荷载作用下所产生的剪应力小于土体的抗剪强度
    B．在土体的重力及外部荷载作用下所产生的抗压力小于土体的抗剪强度
    C．在土体的重力及外部荷载作用下所产生的剪应力小于土体的抗剪强度

268. 在（　　）条件下挖方边坡可做成直立壁不加支撑。
    A．当地质条件良好、土质均匀且地下水位低于基坑（槽）或管沟底面标高时，开挖深度没超过相关规定
    B．当地质条件良好、土质均匀且地下水位水平与基坑（槽）或管沟底面标高时，开挖深度没超过相关规定
    C．当地质条件良好、土质均匀且基坑（槽）或管沟底面低于地下水位标高时，开挖深度没超过相关规定

269. 开挖深度没超过 2m 的（　　）土质挖方边坡可做成直立壁不加支撑。
    A．硬塑、可塑的黏土　　　　　　B．坚硬的黏土　　C．碎石类

270. 开挖深度超过（　　）的基坑，必须在边沿处设立两道护身栏。
    A．1m　　　　B．2m　　　　C．3m　　　　D．4m

271. 土方工程中，用潜水泵抽水时，抽水泵必须安装（　　），以免发生触电事故。

A．地线 B．线路套管 C．漏电保护

272．开挖方法及工具主要用锹、条锄挖掘，需用脚蹬。少许用镐的属于（　　）。
A．一类土（松软土） B．三类土（坚土）
C．二类土（普通土） D．四类土（砂砾坚土）

273．对于有流沙危害的基坑施工，应采用沉井或分层开挖的施工方法。（　　）
A．正确 B．错误

274．土方开挖前勘探范围，应大于开挖边界外按开挖深度（　　）范围布置勘探点。
A．1倍左右 B．1倍以上 C．一半左右 D．相同深度

275．土方工程严禁坑边超载，相邻基坑施工应有防止互相干扰的技术措施。
A．对 B．错

276．软土基坑无可靠措施时应分层均衡开挖，层高不宜超过（　　）。
A．0.5m B．1m C．1.5m D．2m

277．人工开挖时两人操作间距应保持2~3m，应自上而下逐层挖取。
A．1m左右 B．2m以内 C．1~2m D．2~3m

278．当基坑开挖深度大于相邻建筑基础深度时，只要保持一定距离或采取边坡支撑加固措施，并进行位移和沉降观测。
A．对 B．错

279．开挖至坑底高度后，如不能立即进行下道工序施工，应预留（　　）覆盖层。
A．1mm B．2mm C．3mm D．4mm

280．在群桩基础的桩施工完后，宜停留一段时间，并用降水设备预抽地下水。
A．对 B．错

281．滑坡地段挖方遵循（　　）。
A．先整治后开挖 B．先开挖后整治

282．人工开挖时，允许采用挖洞的挖掘方法。
A．对 B．错

283．当土质良好时，在坑边堆放弃土、材料等，要距离（　　）。
A．坑边0.5m以外，堆放高度不超过1m
B．坑边1.5m以外，堆放高度不超过1.5m
C．坑边1m以外，堆放高度不超过1.5m

第六章 脚手架工程

1. 劳动者拒绝用人单位管理人员违章指挥、强令冒险作业的，视为违反劳动合同。（　　）
   A．正确　　　　　　　　　　　　B．错误

2. 按搭设材料可将脚手架分为钢管脚手架、竹木脚手架。（　　）
   A．正确　　　　　　　　　　　　B．错误

3. 脚手架按搭设材料可分为操作脚手架、防护脚手架和承重支撑脚手架。（　　）
   A．正确　　　　　　　　　　　　B．错误

4. 操作脚手架分为结构脚手架和装修脚手架。（　　）
   A．正确　　　　　　　　　　　　B．错误

5. 按支护方式脚手架分为落地式脚手架、悬挑式脚手架、附着升降式脚手架和水平移动式脚手架。（　　）
   A．正确　　　　　　　　　　　　B．错误

6. 用于支撑模板和承受混凝土浇筑荷载而临时搭建的结构架叫模板支架。（　　）
   A．正确　　　　　　　　　　　　B．错误

7. 不能调节支垫高度的底座叫可变底座。（　　）
   A．正确　　　　　　　　　　　　B．错误

8. 连接脚手架与建筑物的构件叫剪刀撑。（　　）
   A．正确　　　　　　　　　　　　B．错误

9. 与脚手架外侧面斜交的杆件叫小横杆。（　　）
   A．正确　　　　　　　　　　　　B．错误

10. 与脚手架外侧面斜交的杆件叫大横杆。（　　）
    A．正确　　　　　　　　　　　　B．错误

11. 小横杆、大横杆与立杆三杆紧靠的扣接点叫主节点。（　　）
    A．正确　　　　　　　　　　　　B．错误

12. 达一定危险程度的脚手架的施工方案，应组织专家进行论证。（　　）
    A．正确　　　　　　　　　　　　B．错误

13. 一般脚手架施工方案由架子工工长负责编制。（　　）
    A．正确　　　　　　　　　　　　B．错误

14. 脚手架施工方案由施工单位技术负责人签字。（　　）

A．正确 B．错误

15．脚手架搭设前应以口头形式作安全技术交底,双方签字确认。（ ）
A．正确 B．错误

16．安装的网面垂直于水平面、防止人或物坠落的安全网叫平网。（ ）
A．正确 B．错误

17．安装的网面不垂直于水平面、防止人或物坠落的安全网叫立网。（ ）
A．正确 B．错误

18．网目密度大于 2000 目/100cm² 的安全网叫密目式安全网。（ ）
A．正确 B．错误

19．物料提升架外侧宜用密目式安全网封闭。（ ）
A．正确 B．错误

20．安全网非架子工也可挂设作业。（ ）
A．正确 B．错误

21．安全网系绳要与网绳用料一致,也可以用细铁丝等代替。（ ）
A．正确 B．错误

22．安全网搭设完毕,应经检验合格后方可使用。（ ）
A．正确 B．错误

23．严禁立网、平网互替使用。（ ）
A．正确 B．错误

24．电梯井口必须设置防护栏或栅门,且防护高度大于 1800mm。（ ）
A．正确 B．错误

25．工地上的各类坑、槽、洞口,夜间均应设置警示灯。（ ）
A．正确 B．错误

26．工地建筑物的通道或地面作业上方,均应搭设安全防护棚。（ ）
A．正确 B．错误

27．脚手架必须穿过 380V 以内电力线路并且距离 2000mm 以内时,搭设或使用期间虽无绝缘措施也可以不切断或拆除电源。（ ）
A．正确 B．错误

28．脚手架在相邻建筑物防雷装置保护范围以内,也需作防雷接地保护。（ ）
A．正确 B．错误

29．脚手架的立杆应设置在大横杆的里侧。（ ）
A．正确 B．错误

30. 扣件式钢管脚手架的立杆接长主要采用搭接方式。（ ）
    A．正确   B．错误

31. 扣件式钢管脚手架大横杆接长，对接、搭接都可以用。（ ）
    A．正确   B．错误

32. 横杆与立杆连接，应采用旋转扣件固定。（ ）
    A．正确   B．错误

33. 单排脚手架的小横杆，插入墙体长度应大于180mm。（ ）
    A．正确   B．错误

34. 禁止在宽度不足1000mm的窗间墙上设置单排脚手架的小横杆。（ ）
    A．正确   B．错误

35. 可以在厚度小于120mm的墙或砖柱上设置脚手架的小横杆。（ ）
    A．正确   B．错误

36. 脚手架高度不小于24m，禁用柔性连墙件。（ ）
    A．正确   B．错误

37. 相邻两根立杆的接头不得设置在同一步距内。（ ）
    A．正确   B．错误

38. 相邻两根横杆的接头可以设置在同一跨距内。（ ）
    A．正确   B．错误

39. 扣件式钢管脚手架的立杆，顶步接长宜采用搭接。（ ）
    A．正确   B．错误

40. 剪刀撑杆件每道至少跨越4跨，宽度大于6000mm。（ ）
    A．正确   B．错误

41. 剪刀撑与地面夹角应小于45°。（ ）
    A．正确   B．错误

42. 高度大于24m的双排脚手架整个外侧应连续设置剪刀撑。（ ）
    A．正确   B．错误

43. 作业层的脚手板应满铺，但必须用对接方式铺设。（ ）
    A．正确   B．错误

44. 木脚手板对接平铺，接头处应设两根小横杆，两板外伸长度之和应小于200mm。（ ）
    A．正确   B．错误

45. 木脚手板搭接铺设，搭接长度应大于200mm，且板头伸出小横杆的长度应大于100mm。
    （ ）

A．正确 B．错误

46．脚手架高小于6m，宜用"之"字形斜道。（　　）
A．正确 B．错误

47．斜道上脚手板顺铺时，上板头应压住下板头。（　　）
A．正确 B．错误

48．斜道的脚手板上应设置防滑条，间距应大于300mm。（　　）
A．正确 B．错误

49．立杆上部应始终高出操作层1500mm。（　　）
A．正确 B．错误

50．立杆应均匀设置，纵向间距小于2000mm。（　　）
A．正确 B．错误

51．脚手板无论用什么材料制作，每块重量应小于30kg。（　　）
A．正确 B．错误

52．对接扣件的开口应朝上或朝内设置。（　　）
A．正确 B．错误

53．扣件螺栓拧紧力矩应为40～65N·m。（　　）
A．正确 B．错误

54．各种杆件端头伸出扣件盖板的长度应小于100mm。（　　）
A．正确 B．错误

55．脚手架拆除应遵循"先搭先拆，后搭后拆"的原则。（　　）
A．正确 B．错误

56．脚手架拆除前应先清除架体上的材料、工具和杂物。（　　）
A．正确 B．错误

57．脚手架底座底面的自然标高宜高于自然地坪100mm。（　　）
A．正确 B．错误

58．门式钢管脚手架落地搭设高度应低于55m。（　　）
A．正确 B．错误

59．不同产品的门式钢管脚手架的门架与零配件不得混用。（　　）
A．正确 B．错误

60．门式钢管脚手架高于20m，架体外侧应间隔设置剪刀撑。（　　）
A．正确 B．错误

61. 门式钢管脚手架剪刀撑搭接长度应小于600mm，用两个扣件扣紧。（ ）
    A．正确   B．错误

62. 门式钢管脚手架的交叉支撑、水平架或脚手板应紧随门架的安装及时设置。（ ）
    A．正确   B．错误

63. 碗扣式钢管脚手架的基本构造和搭设要求与扣件式钢管脚手架类似，不同之处主要在于碗扣接头。（ ）
    A．正确   B．错误

64. 碗扣式钢管脚手架验收资料不包括搭设记录和质量检查记录。（ ）
    A．正确   B．错误

65. 上碗扣锁紧情况是碗扣式钢管脚手架的重点检查内容。（ ）
    A．正确   B．错误

66. 竹、木脚手架搭设严禁绑扎材料重复使用。（ ）
    A．正确   B．错误

67. 木脚手架的立杆埋深应在500mm以上。（ ）
    A．正确   B．错误

68. 竹、木脚手架最上一根立杆应小头朝上。（ ）
    A．正确   B．错误

69. 竹、木脚手架上下相邻两步架的大横杆大头朝向应当相反。（ ）
    A．正确   B．错误

70. 竹、木脚手架搭设，不允许一扣绑扎3根杆件。（ ）
    A．正确   B．错误

71. 竹、木脚手架的大横杆接长应小头压在大头上。（ ）
    A．正确   B．错误

72. 竹脚手架的受力杆件应选用生长3～4年及以上的竹子。（ ）
    A．正确   B．错误

73. 竹、木脚手架的杆件绑扎不得使用尼龙绳。（ ）
    A．正确   B．错误

74. 竹脚手架绑扎应用10号以上的镀锌钢丝。（ ）
    A．正确   B．错误

75. 竹脚手架可以搭设单、双排架。（ ）
    A．正确   B．错误

76. 木结构的模板支架搭设高度宜在8m以内。（ ）

A．正确 B．错误

77．搭设模板支架，木杆、钢管、门架等支架立柱可以配合使用。（   ）
A．正确 B．错误

78．模板支架的立柱严禁搭接接长。（   ）
A．正确 B．错误

79．高处作业的高度在（   ）时，称为一级高处作业。
A．2m以上　　B．2～5m　　C．2～7m　　D．7m以上

80．高处作业的高度在（   ）时，称为二级高处作业。
A．2m以上　　B．2～5m　　C．2～7m　　D．5～15m

81．高处作业的高度在15～30m时，称为（   ）作业。
A．一级高处　　B．二级高处　　C．三级高处　　D．特级高处

82．高处作业的高度在（   ）m以上时，称为特级高处作业。
A．20　　B．30　　C．40　　D．50

83．高处作业的种类分为（   ）和特殊高处作业。
A．普通高处作业　　　　　　B．一般高处作业
C．正常高处作业　　　　　　D．都不对

84．凡在坠落高度基准面（   ）及以上，有可能坠落的高处进行作业，均称高处作业。
A．2m　　B．3m　　C．4m　　D．5m

85．在室外完全采用人工照明时，进行的高处作业称为（   ）。
A．夜间作业　　B．照明作业　　C．照明高处作业　　D．夜间高处作业

86．带电高处作业是指（   ）条件下进行的高处作业。
A．在接近电体　　　　　　B．在接触带电体
C．在接近和接触带电体　　　D．都不对

87．在无立足点或无牢靠立足点的条件下进行的高处作业是（   ）。
A．悬空作业　　B．悬空高处作业　　C．高空作业　　D．都不对

88．坠落范围半径R随高度h不同而不同。当高度h为20m时，半径R为（   ）。
A．2m　　B．3m　　C．4m　　D．5m

89．脚手架立杆是脚手架的主体构件，主要承受（   ）。
A．拉力　　B．压力　　C．剪力　　D．弯力

90．水平杆是脚手架的主体构件，主要承受（   ）。
A．拉力　　B．压力　　C．剪力　　D．弯力

91. 剪力撑是限制脚手架框架变形的构件，主要承受（　　）。
    A．拉力　　　　　B．压力　　　　　C．剪力　　　　　D．弯力

92. 我国扣件式钢管脚手架出现在（　　）。
    A．20 世纪 50—60 年代　　　　　B．20 世纪 60 年代末至 70 年代
    C．20 世纪 70　80 年代　　　　　D．20 世纪 80 年代迄今

93. 用于砌筑和结构工程施工作业的脚手架叫（　　）脚手架。
    A．双排　　　　　B．单排　　　　　C．结构　　　　　D．装修

94. 架体底部直接落在地面、楼面、屋面或工程结构台面上的脚手架叫（　　）脚手架。
    A．落地式　　　　B．悬挑式　　　　C．附着升降　　　D．满堂

95. 每张安全网的重量一般不宜超过（　　）kg。
    A．5　　　　　　　B．10　　　　　　C．15　　　　　　D．20

96. 电梯井内要设置多层平网，网间距离要小于（　　）。
    A．0m　　　　　　B．15m　　　　　C．10m　　　　　D．5m

97. 脚手架搭设高度达到（　　）时，就要设置首层平网。
    A．2m　　　　　　B．3m　　　　　　C．4m　　　　　　D．5m

98. 层间网的距离要小于（　　）。
    A．20m　　　　　B．15m　　　　　C．10m　　　　　D．5m

99. 随作业层面升高，搭设在作业层脚手板下面的平网叫（　　）。
    A．首层网　　　　B．随层网　　　　C．层间网　　　　D．末层网

100. 安全网系绳固结点要均匀分布，其间距小于（　　）。
    A．600mm　　　　B．500mm　　　　C．400mm　　　　D．300mm

101. 平网设置不要绷得过紧，网底与下方物体的距离应大于（　　）。
    A．2m　　　　　　B．3m　　　　　　C．4m　　　　　　D．5m

102. 用毛竹作防护栏水平杆，小头直径要大于（　　）。
    A．50mm　　　　　B．60mm　　　　　C．70mm　　　　　D．80mm

103. 坡度大于1∶2.2的斜面上，防护栏高度为（　　）。
    A．1000mm　　　　B．1200mm　　　　C．1400mm　　　　D．1500mm

104. 扣件式钢管脚手架的钢管，每根重量应小于（　　）。
    A．15kg　　　　　B．20kg　　　　　C．25kg　　　　　D．30kg

105. 扣件式钢管脚手架通常使用 φ48.3mm 钢管，其壁厚为（　　）。
    A．2.5mm　　　　B．3mm　　　　　C．3.5mm　　　　D．4mm

106. 扣件式钢管脚手架的剪刀撑接长要求用（　　）方式。

A．对接 B．搭接 C．焊接 D．铆接

107. 剪刀撑斜杆与地面夹角的要求是（　　）。
A．小于45° B．45°～60° C．60° D．大于60°

108. 扣件式钢管脚手架的立杆接长（除顶端部位）要求用（　　）方式。
A．对接 B．搭接 C．焊接 D．铆接

109. 剪刀撑的每道斜杆宽度应（　　）跨。
A．小于4 B．大于4 C．大于5 D．大于6

110. 接立杆时，相邻两杆的接头不得在同步内，且两接头垂直距离应（　　）。
A．大于500mm B．小于500mm C．大于600mm D．小于600mm

111. 接横杆时，相邻两杆的接头不得在同跨内，且两接头水平距离应（　　）。
A．大于500mm B．小于500mm C．大于600mm D．小于600mm

112. 接横杆时，相邻两杆的接头不得在同跨内，且两接头水平距离应（　　）。
A．大于500mm B．小于500mm C．大于600mm D．小于600mm

113. 扫地杆与底座的距离应（　　）。
A．小于180mm B．大于180mm C．小于200mm D．大于200mm

114. 拆除脚手架，最先拆除的应是（　　）。
A．立杆 B．连墙杆 C．安全网 D．挡墙板

115. 抛撑与地面的夹角应（　　）。
A．小于45° B．45°～60° C．60° D．大于60°

116. 脚手架高度（　　）时，必须用刚性连墙件。
A．不大于24m B．不小于24m C．不大于30m D．不小于30m

117. 采用搭接方式铺脚手板，搭接长度应（　　）。
A．小于180mm B．大于180mm C．小于200mm D．大于200mm

118. 作业层端部脚手板的探头长度不得（　　），且板的两端应与支承杆固牢。
A．大于150mm B．小于150mm C．大于200mm D．小于200mm

119. 两脚手板对接平铺时，两板外伸长度之和应（　　）。
A．大于250mm B．小于250mm C．大于300mm D．小于300mm

120. 搭设扣件式钢管脚手架，各杆端伸出扣件的长度均应（　　）。
A．大于50mm B．大于100mm C．大于150mm D．大于200mm

121. 扣件式钢管脚手架，底层步距可大些，但最大不得超过（　　）。
A．1800mm B．2000mm C．2200mm D．2400mm

122. 脚手架高度 50m，允许垂直偏差为（　　）。
    A．2%　　　　　B．2.5%　　　　C．3%　　　　D．3.5%

123. 立杆跨距一般取 1000～1800mm，最大不得超过（　　）。
    A．1800mm　　　B．2000mm　　　C．2200mm　　　D．2400mm

124. 普通脚手架垫板，宜采用长 2000～2500mm、厚 50～60mm、宽不小于（　　）的木板。
    A．150mm　　　B．200mm　　　C．220mm　　　D．250mm

125. 扣件式钢管脚手架所用钢管，最长不得超过（　　）。
    A．5000mm　　　B．5500mm　　　C．6000mm　　　D．6500mm

126. 装修施工脚手架立杆纵向间距为（　　）。
    A．1000mm　　　B．1600mm　　　C．1800mm　　　D．2000mm

127. 高度 24m 以下的脚手架，应在转角处以及每隔（　　）设一道剪刀撑。
    A．3～6m　　　B．6～9m　　　C．9～15m　　　D．15～18m

128. 立杆顶层采用（　　）连接。
    A．对接　　　　B．铆接　　　　C．焊接　　　　D．搭接

129. 砖砌体的门窗、洞口两侧（　　）内不应设置小横杆。
    A．100mm　　　B．200～300mm　　C．300～400mm　　D．500mm

130. 门式钢管脚手架应使用（　　）脚手板。
    A．竹笆　　　　B．挂扣式　　　C．木　　　　　D．竹串式

131. 门式钢管脚手架的门架及配件使用了（　　）个安装、拆除周期，应检查一次。
    A．一　　　　　B．二　　　　　C．三　　　　　D．四

132. 门式钢管脚手架的正确搭设方式是（　　）。
    A．自一端向另一端延伸搭设，并逐层改变搭设方向
    B．自一端向另一端延伸搭设，每层都同一个搭设方向
    C．自两端向中间搭设
    D．自中间向两端搭设

133. 门式钢管脚手架的水平加固杆应设置在门架立杆的（　　）。
    A．内侧　　　　B．外侧　　　　C．内、外侧　　D．都不对

134. 门式钢管脚手架的剪刀撑应设置在门架立杆的（　　）。
    A．内侧　　　　B．外侧　　　　C．左侧　　　　D．右侧

135. 悬挑式门式钢管脚手架的水平加固杆应（　　）门架设置一道。
    A．每步　　　　B．两步　　　　C．三步　　　　D．四步

136. 门式钢管脚手架高达 30m 时，水平加固杆应（　　）门架设置一道。

A．每步 B．两步 C．三步 D．四步

137．碗扣式钢管脚手架的上下碗扣和限位销,按( )间距设置在立杆上。
A．400mm B．500mm C．600mm D．700mm

138．碗扣式钢管脚手架的扫地杆距离地面的高度应小于( )。
A．100mm B．150mm C．250mm D．350mm

139．碗扣式钢管脚手架搭设宜( )人为一小组。
A．2 B．3～4 C．5 D．6

140．碗扣式钢管脚手架的步高,取( )的倍数。
A．400mm B．500mm C．600mm D．700mm

141．单排木脚手架不得搭设在墙厚( )及以下的轻质空心砌体上。
A．120mm B．180mm C．240mm D．360mm

142．木脚手架的立杆,小头直径要大于( )。
A．50mm B．60mm C．70mm D．80mm

143．烟囱、水塔等圆形或方形建筑物施工,严禁使用( )脚手架。
A．多排 B．三排 C．双排 D．单排

144．烟囱、水塔等圆形或方形建筑物施工的脚手架高达10m,应选用( )作揽风绳。
A．麻绳 B．棕绳 C．钢丝绳 D．钢筋

145．模板支架高达( )就叫高支架模板工程。
A．6m B．8m C．10m D．12m

146．通常情况下,面层模板、木支架主要由( )搭设。
A．木工 B．瓦工 C．混凝土工 D．架子工

147．通常情况下,模板钢管支架主要由( )搭设。
A．木工 B．瓦工 C．混凝土工 D．架子工

148．建筑模板支架施工中,以( )结构最为广泛。
A．扣件式钢管 B．碗扣式钢管 C．门式钢管 D．木式

149．支、拆( )高度的模板时,应搭设脚手架工作平台。
A．2m B．3～4m C．5m D．6m

150．模板支架立柱间距应由计算决定,通常为( )。
A．600mm B．700mm C．800～1200mm D．1300mm

151．哪一个不是脚手架要的基本要求?( )
A．满足使用 B．坚固、稳定、安全
C．容易搭设 D．美观

152. 脚手架高大于 24m 时，要求剪刀撑（　　）搭设。
    A．可不　　　　B．断续　　　　C．连续　　　　D．分散

153. 脚手架搭设中，（　　）。
    A．允许外径 48mm 与 51mm 钢管混合使用
    B．严禁外径 48mm 与 51mm 钢管混合使用

154. 脚手架必须配合施工进度搭设，一次搭设高度不应超过相邻连墙件以上（　　）。
    A．一步　　　　B．两步　　　　C．三步

155. 脚手架装螺栓时，螺栓拧紧程度适中，扭力矩控制在（　　）。
    A．29～39N·m，最大不超过 49N·m
    B．39～49N·m，最大不超过 59N·m
    C．49～59N·m，最大不超过 69N·m
    D．59～69N·m，最大不超过 79N·m

156. 脚手架杆件垂直度和水平偏差，要求不得大于（　　）。
    A．25mm　　　　B．35mm　　　　C．45mm

157. 预防物体打击事故，可以在脚手架底部设置（　　），防止物体坠落。
    A．活动翻板　　　　　　　　B．固定踏板

158. 脚手架施工中，应按照：升降前先拆连接零件，最后取开翻板。
    A．正确　　　　　　　　　　B．错误

159. 防止物体水平方向抛落措施，可在安全网内满设一层钢丝网封闭
    A．正确　　　　　　　　　　B．错误

160. 脚手架搭设时，用于连接横杆的连接扣件，（　　），以防雨水进入。
    A．开口应朝架子上侧，螺栓向上
    B．开口应朝架子内侧，螺栓向上

第七章 模 板 工 程

1. 对水平混凝土构件模板支撑系统高度超过 12m，或跨度超过 18m 的高大模板工程，建筑施工企业应当组织专家组进行论证审查。（　　）
   A．正确　　　　　　　　　　　　　B．错误

2. 各种模板应当按规格分类堆放整齐，地面应平整坚实，叠放高度一般不宜超高 2.6m，大模板存放应放在经专门设计的存架上。（　　）
   A．正确　　　　　　　　　　　　　B．错误

3. 吊运大块或整体模板时，竖向吊运不少于 2 个吊点。（　　）
   A．正确　　　　　　　　　　　　　B．错误

4. 扣件钢管脚手架作模板组合式格构柱使用时，立柱间距不得大于 2.0m。（　　）
   A．正确　　　　　　　　　　　　　B．错误

5. 吊运散装模板时，应符合码放整齐，待捆绑牢固后方可起吊。（　　）
   A．正确　　　　　　　　　　　　　B．错误

6. 模板工程按结构构件的类型分基础模板、柱模板、墙模板、楼板模板、梁模板、楼梯模板等。（　　）
   A．正确　　　　　　　　　　　　　B．错误

7. 定型组合钢模板由钢模板和配件组成，配件包括连接件、轨道。（　　）
   A．正确　　　　　　　　　　　　　B．错误

8. 钢模板采用模数制设计，宽度模数以 30mm 进级，长度为 150mm 进级。（　　）
   A．正确　　　　　　　　　　　　　B．错误

9. 钢模板采用模数制设计，它可以适应横竖拼装成以 50mm 进级的任何尺寸的模板。（　　）
   A．正确　　　　　　　　　　　　　B．错误

10. U 形卡用于相邻模板的拼装。其安装间距一般不大于 300mm，即每隔一孔卡插一个。（　　）
    A．正确　　　　　　　　　　　　　B．错误

11. U 形卡安装方向一正一反相互错开。（　　）
    A．正确　　　　　　　　　　　　　B．错误

12. 常用钢管支架由内外两节钢管制成，其高低调节距模数为 100mm；支架底部除垫板外，

均用木楔。（　　）
A．正确　　　　　　　　　　　　B．错误

13．钢桁架作为梁模板的支撑工具可取代梁模板下的横撑。（　　）
A．正确　　　　　　　　　　　　B．错误

14．跨度小、荷载小时钢桁架可用钢管焊成。（　　）
A．正确　　　　　　　　　　　　B．错误

15．由组合钢模板拼成的整片墙模或柱模，在吊装就位后，应由斜撑调整和固定其垂直位置。（　　）
A．正确　　　　　　　　　　　　B．错误

16．柱的模板在安装前在基础（楼地面）上用墨线弹出柱的中线及边线，柱脚抄平。（　　）
A．正确　　　　　　　　　　　　B．错误

17．对通排柱模板，应先装中间柱与一端柱模板，校正固定，拉通线校正中间各柱模板。（　　）
A．正确　　　　　　　　　　　　B．错误

18．安装后的柱模板要保证垂直，并由地面起每隔 2m 留一道施工口，以便混凝土浇捣。（　　）
A．正确　　　　　　　　　　　　B．错误

19．安装后的柱模板，柱底部留设清理孔。（　　）
A．正确　　　　　　　　　　　　B．错误

20．柱模板安装时四周搭设木横撑，结合斜撑，将模板固定牢固，以防在混凝土侧压力的作用下发生移位。（　　）
A．正确　　　　　　　　　　　　B．错误

21．梁跨度不小于 4m 时，梁模板底板应起拱，起拱高度由设计确定。（　　）
A．正确　　　　　　　　　　　　B．错误

22．梁模板支柱（琵琶掌）之间应设拉杆，离地面 600mm 第一道。（　　）
A．正确　　　　　　　　　　　　B．错误

23．当梁底离地面过高时（一般 6m 以上），宜搭设排架支模。（　　）
A．正确　　　　　　　　　　　　B．错误

24．永久性模板多用于现浇钢筋混凝土楼（屋）面板。（　　）
A．正确　　　　　　　　　　　　B．错误

25．组合式桁架使用时三榀一组，跨度可调范围为 2.5～3.5m。（　　）
A．正确　　　　　　　　　　　　B．错误

26. 结构跨度超过桁架最大跨度时，可在中间加支柱后连续安装桁架。（　　）
    A．正确　　　　　　　　　　　　B．错误

27. 柱下单独基础模板，模板安装前，应核对模板垫层标高。（　　）
    A．正确　　　　　　　　　　　　B．错误

28. 柱下单独基础模板，模板安装前，先弹出基础的中心线和边线，将柱子中心线对准基础中心线，然后校正模板上口标高。（　　）
    A．正确　　　　　　　　　　　　B．错误

29. 条形基础模板，出现台阶型基础要保证上下模板不发生相对位移。（　　）
    A．正确　　　　　　　　　　　　B．错误

30. 模板的拆除程序一般为先支先拆。（　　）
    A．正确　　　　　　　　　　　　B．错误

31. 模板安装作业高度超过 2m 时，必须搭设脚手架或平台。（　　）
    A．正确　　　　　　　　　　　　B．错误

32. 严禁将模板与井字架、脚手架或操作平台连成一体。（　　）
    A．正确　　　　　　　　　　　　B．错误

33. 对施工总荷载大于 10kN/m²，或集中线荷载大于 15kN/m 的模板支撑系统，建筑施工企业应当组织专家组进行论证审查。（　　）
    A．正确　　　　　　　　　　　　B．错误

34. 模板支架当底部支撑楼板的设计荷载不足时，可采取保留一层支架立杆（经计算确定）加强。（　　）
    A．正确　　　　　　　　　　　　B．错误

35. 模板支架底部当支撑在地基上时，应验算模板支架底承载力。（　　）
    A．正确　　　　　　　　　　　　B．错误

36. 模板支架立杆底部应设置垫板，并应在支架的两端和中间部分与建筑结构进行连接。（　　）
    A．正确　　　　　　　　　　　　B．错误

37. 对于独立柱模，其四周应加铁箍。（　　）
    A．正确　　　　　　　　　　　　B．错误

38. 肋形楼盖的梁及楼板模板通常整体支设，其底模板的宽度同梁宽。（　　）
    A．正确　　　　　　　　　　　　B．错误

39. 当梁的高度较大时，应在梁侧模外加水平撑。（　　）
    A．正确　　　　　　　　　　　　B．错误

40. 楼板模板铺设在搁栅上，搁栅的两头搁置在横档上，间距为400～500mm。（ ）
    A．正确　　　　　　　　　　　　　B．错误

41. 楼梯模板的外帮侧板，其宽度至少要等于该楼板的板厚及踏步高。（ ）
    A．正确　　　　　　　　　　　　　B．错误

42. 楼梯模板的外帮侧板，其长度按楼梯宽度加平台长度确定，其宽度至少要等于该楼板的板厚及踏步高。（ ）
    A．正确　　　　　　　　　　　　　B．错误

43. 相邻模板的U形卡安装距离一般不大于300mm。（ ）
    A．正确　　　　　　　　　　　　　B．错误

44. 组合模板中把梁侧模固定在底模上，钢管卡具安装在梁下部。（ ）
    A．正确　　　　　　　　　　　　　B．错误

45. 墙壁两侧模板一般用紧固螺栓连接。（ ）
    A．正确　　　　　　　　　　　　　B．错误

46. 组合模板中柱模四角由阳角模板连接。（ ）
    A．正确　　　　　　　　　　　　　B．错误

47. 模板形式主要根据基础的特点和施工方法选择。（ ）
    A．正确　　　　　　　　　　　　　B．错误

48. 钢模板与支架的自重属于偶然荷载。（ ）
    A．正确　　　　　　　　　　　　　B．错误

49. 模板系数荷载计算，钢筋自重标准值，一般梁板结构每 $1m^3$ 钢筋混凝土，楼板可取用 1.1kN。（ ）
    A．正确　　　　　　　　　　　　　B．错误

50. 振捣混凝土时产生的荷载标准值，对水平面模板取 $2.0kN/m^2$。（ ）
    A．正确　　　　　　　　　　　　　B．错误

51. 高空坠落物属于可变荷载。（ ）
    A．正确　　　　　　　　　　　　　B．错误

52. 按正常使用极限状态验算受弯构件的变形，取荷载标准值。（ ）
    A．正确　　　　　　　　　　　　　B．错误

53. 对于竖向支模或斜撑的模板构件，主要验算其稳定值。（ ）
    A．正确　　　　　　　　　　　　　B．错误

54. 木模板及其支撑，按设计规定，当木材含水率等于25%时，其设计荷载可以乘以0.95予以折算。（ ）

A．正确 B．错误

55．验算模板及其支架的刚度，结构表面外露的模板其变形值为模板构件计算跨度的1/300。（　）
A．正确 B．错误

56．模板稳定性的规定，受压杆件的长细比控制值，支柱等构件可取250。（　）
A．正确 B．错误

57．拆模时可以用大锤硬砸或撬棍硬撬，以免损伤混凝土表面和楞角。（　）
A．正确 B．错误

58．组合模板配板设计原则，构造无特殊要求的转角，可不用阳角模板而用连接角模代替。（　）
A．正确 B．错误

59．组合模板配板设计原则，钢模板的长向接缝应错开布置，以增加模板的整体刚度和平整度。（　）
A．正确 B．错误

60．当梁的跨度不小于4m时，梁底模应考虑加横撑。（　）
A．正确 B．错误

61．在多层或高层建筑施工中，安装上、下层的竖向支撑时，应保证在柱子的轴线位置上。（　）
A．正确 B．错误

62．拆模顺序一般是先支后拆，后支先拆。（　）
A．正确 B．错误

63．拆除跨度较大的梁下支柱时，应先从跨中开始，对称拆向两端。（　）
A．正确 B．错误

64．拆模一般是先拆承重墙，后拆非承重墙。（　）
A．正确 B．错误

65．高处拆模时，不得在一个垂直面上下同时进行拆除作业。（　）
A．正确 B．错误

66．拆下的模板和支架，宜分散堆放，及时清理运走。（　）
A．正确 B．错误

67．梯段底模两端与平台梁侧模相接。（　）
A．正确 B．错误

68．阶梯形基础所选钢模板的宽度最好与阶梯宽度相同。（　）

A．正确　　　　　　　　　　　　B．错误

69. 上台阶内侧模板与外侧模板拼接处上下应加 T 形扁钢板连接。（　　）
    A．正确　　　　　　　　　　　　B．错误

70. 肋形楼盖采用组合钢模板时，梁及楼板模板分开支设。（　　）
    A．正确　　　　　　　　　　　　B．错误

71. 计算模板及其支架时的荷载设计值，应采用荷载标准值乘以相应的荷载分项系数求得。（　　）
    A．正确　　　　　　　　　　　　B．错误

72. 模板及支架自重荷载分项系数为 1.2。（　　）
    A．正确　　　　　　　　　　　　B．错误

73. 新浇混凝土对模板侧面的压力荷载分项系数为 1.2。（　　）
    A．正确　　　　　　　　　　　　B．错误

74. 用容量大于 $0.8m^3$ 的运输工具倾倒混凝土时产生的水平荷载标准值为 $4kN/m^2$。（　　）
    A．正确　　　　　　　　　　　　B．错误

75. 扣件钢管脚手架作模板组合式格构柱使用时，立柱间距不得大于（　　）。
    A．0.5m　　　B．1.0m　　　C．1.5m　　　D．2.0m

76. 基坑（槽）上口堆放模板为（　　）以外。
    A．2m　　　B．1m　　　C．2.5m　　　D．0.8m

77. （　　）主要用来夹紧钢丝绳末端或将两根钢丝绳固定在一起。
    A．卡环　　　B．绳夹　　　C．吊钩　　　D．吊环

78. 吊运散装模板时，应符合下列要求（　　）。
    A．放置于运料平台上　码放整齐
    B．码放整齐，待捆绑牢固后方可起吊
    C．放置于运料平台上，待捆绑牢固后方可起吊
    D．待捆绑牢固后方可起吊，有防碰撞措施

79. 模板工程中的支撑系统指（　　）。
    A．保证模板形状和位置，承受和传递模板、新浇混凝土的自重以及施工荷载
    B．直接接触混凝土，使混凝土浇筑成设计规定的形状和尺寸
    C．保证模板形状和位置，使混凝土浇筑成设计规定的形状和尺寸

80. 模板工程按结构构件的类型分（　　）。
    A．基础模板、柱模板、墙模板、楼板模板、梁模板、楼梯模板等
    B．基础模板、柱模板、墙模板、楼板模板、梁模板、顶棚模板等
    C．顶棚模板、柱模板、墙模板、楼板模板、梁模板、楼梯模板等

D．顶棚模板、柱模板、墙模板、基础模板、梁模板、楼梯模板等

81．模板工程按施工方法分（　　）。
　　A．固定式模板、移动式模板、预制模板等
　　B．现场装拆式模板、固定式模板、预制模板等
　　C．现场装拆式模板、固定式模板、移动式模板等

82．定型组合钢模板是一种工具式定型模板，又称（　　）。
　　A．小钢模　　　B．中钢模　　　C．大钢模

83．定型组合钢模板由钢模板和配件组成，配件包括（　　）。
　　A．连接件、轨道　　　　　　B．连接件、支承件
　　C．支承件、轨道

84．钢模板采用模数制设计，宽度模数以（　　）进级。
　　A．10mm　　　B．30mm　　　C．50mm　　　D．70mm

85．钢模板采用模数制设计，长度为（　　）进级。
　　A．150mm　　　B．200mm　　　C．250mm　　　D．300mm

86．钢模板采用模数制设计，它可以适应横竖拼装成以（　　）进级的任何尺寸的模板。
　　A．50mm　　　B．100mm　　　C．150mm　　　D．200mm

87．平面模板用于基础、墙体、梁、板、柱等各种结构的平面部位，它由（　　）组成。
　　A．面板和梁　　　B．面板和柱　　　C．面板和肋

88．U形卡用于相邻模板的拼装。其安装间距一般不大于（　　），即每隔一孔卡插一个。
　　A．300mm　　　B．400mm　　　C．500mm　　　D．600mm

89．U形卡安装方向（　　）。
　　A．一顺一倒相互错开　　　　B．一正一反相互错开
　　C．一顺一倒相互对齐

90．常用钢管支架由内外两节钢管制成，其高低调节距模数为（　　）。
　　A．100mm　　　B．200mm　　　C．300mm　　　D．400mm

91．常用钢管支架由内外两节钢管制成，支架底部除垫板外，均用（　　）调整标高，以利于拆卸。
　　A．支撑板　　　B．木楔　　　C．塑料板　　　D．任意板

92．组合钢模板的支承件包括（　　）等。
　　A．柱箍、横撑、支柱、卡具、斜撑、钢桁架
　　B．柱箍、钢楞、支柱、卡具、斜撑、钢桁架
　　C．柱箍、钢楞、支柱、卡具、横撑、钢桁架
　　D．柱箍、钢楞、横撑、支柱、卡具、斜撑

93. 角钢柱箍由两根互相焊成（　　）的角钢组成。
    A．直角　　　　B．锐角　　　　C．钝角

94. 角钢柱箍一般常用（　　）制作柱箍。
    A．钢管　　　　B．扁钢　　　　C．U形钢　　　　D．钢筋

95. 钢桁架作为梁模板的支撑工具可取代梁模板下的（　　）。
    A．横撑　　　　B．立柱　　　　C．梁

96. 跨度小、荷载小时钢桁架可用（　　）焊成。
    A．钢筋　　　　B．扁钢　　　　C．钢管　　　　D．U形钢

97. 由组合钢模板拼成的整片墙模或柱模，在吊装就位后，应由斜撑调整和固定其（　　）。
    A．平行位置　　B．交叉位置　　C．垂直位置

98. 用于固定矩形梁、圈梁等模板的侧模板，可节约斜撑等材料的支撑零件是（　　）。
    A．U形卡　　　B．L形插销　　C．钩头螺栓　　D．梁卡具

99. 继木模板、钢模板之后的第三代模板为（　　）。
    A．塑料模板　　B．玻璃纤维模板　　C．钢木模板　　D．竹胶合板模板

100. 柱的模板在安装前在基础（楼地面）上用墨线弹出柱的（　　），柱脚抄平。
    A．四角及边线　　B．中线及边线　　C．中线及四角

101. 对通排柱模板，应先装（　　），校正固定，拉通线校正中间各柱模板。
    A．两端柱模板　　B．相邻柱模板　　C．中间柱与一端柱模板

102. 安装后的柱模板要保证垂直，并由地面起每隔（　　）留一道施工口，以便混凝土浇捣。
    A．1m　　　　B．2m　　　　C．3m　　　　D．4m

103. 安装后的柱模板，（　　）留设清理孔。
    A．柱顶部　　　B．柱中部　　　C．柱底部　　　D．柱任意部位

104. 柱模板安装时应加（　　），增加其整体性。
    A．柱箍　　　　B．斜撑　　　　C．横撑

105. 柱模板安装时四周搭设（　　），结合斜撑，将模板固定牢固，以防在混凝土侧压力的作用下发生移位。
    A．钢管架子　　B．木横撑　　　C．钢木斜撑

106. 梁跨度不小于（　　）时，梁模板底板应起拱，起拱高度由设计确定。
    A．3m　　　　B．4m　　　　C．5m　　　　D．6m

107. 梁模板支柱（琵琶掌）之间应设拉杆，离地面（　　）第一道。
    A．300mm　　　B．400mm　　　C．500mm　　　D．600mm

108. 梁模板支柱下垫设（　　）。
    A．楔子和通长垫板　　　　　　　B．砖和通长垫板
    C．楔子和砖

109. 当梁底离地面过高时（一般 6m 以上），宜搭设（　　）。
    A．水平支模　　　B．通长垫板　　　C．排架支模

110. 上下层模板的支柱，一般应安装在一条竖向的（　　）上。
    A．边线　　　　　B．中心线　　　　C．轴线

111. 墙模板由两片（　　）组成。
    A．平面模板　　　B．U 形面模板　　C．L 形面模板

112. 墙模板外面用横竖（　　）加固，并用斜撑保持稳定。
    A．钢楞　　　　　B．柱箍　　　　　C．横撑　　　　　D．卡具

113. 模壳是用于钢筋混凝土（　　）的一种工具式模板。
    A．预制楼板　　　B．无梁楼板　　　C．板式楼板　　　D．密肋楼板

114. 一次消耗模板又称（　　）。
    A．永久性模板　　B．临时性模板　　C．重复性模板

115. 永久性模板分为（　　）。
    A．压型钢板和玻璃钢薄板
    B．玻璃钢薄板和配筋的混凝土薄板
    C．压型钢板和配筋的混凝土薄板

116. 永久性模板多用（　　）楼（屋）面板。
    A．预制装配式混凝土　　　　　　B．现浇钢筋混凝土
    C．装配整体式混凝土

117. 组合式桁架使用时两榀一组，跨度可调范围为（　　）。
    A．2～3m　　　B．2.5～3.5m　　C．3～4m　　　D．3.5～4.5m

118. 结构跨度超过桁架最大跨度时，可在中间加（　　）后连续安装桁架。
    A．支柱　　　　　B．横撑　　　　　C．斜撑

119. 活动钢管支撑的可调高度为（　　）。
    A．1～3.6m　　　B．1.5～3.6m　　C．2～3.6m

120. 柱下单独基础模板，模板安装前，应核对（　　）。
    A．模板垫层标高　B．地基垫层标高　C．基础垫层标高

121. 柱下单独基础模板，模板安装前，先弹出基础的中心线和边线，将（　　）对准基础中心线，然后校正模板上口标高。

A．柱子中心线　　　B．地基中心线　　　C．模板中心线

122．条形基础模板，出现台阶型基础要保证上下模板不发生（　　）。
A．相对位移　　　B．相对下沉　　　C．相对松懈

123．模板的拆除程序一般为（　　）。
A．先支后拆　　　B．先支先拆　　　C．后支后拆

124．模板安装作业高度超过（　　）时，必须搭设脚手架或平台。
A．4m　　　B．3m　　　C．2m

125．下面哪句话是对的？（　　）
A．不得将模板支搭在门框上，但可以将脚手架支搭在模板上
B．不得将模板支搭在门框上，可以临时将脚手架支搭在模板上
C．不得将模板支搭在门框上，也不得将脚手架支搭在模板上

126．下面哪句话是对的？（　　）
A．严禁将模板与井字架、脚手架连成一体，但可以与操作平台连成一体
B．严禁将模板与井字架、脚手架或操作平台连成一体
C．严禁将操作平台连成一体，但可以与井字架、脚手架连成一体

127．五级风及以上应停止一切（　　）。
A．吊运作业　　　B．施工作业　　　C．基础作业

128．拆模时下方（　　）。
A．不能有人　　　B．只能有监管人员　　C．只能有施工人员

129．对施工总荷载大于10kN/m²，或集中线荷载大于（　　）的模板支撑系统，建筑施工企业应当组织专家组进行论证审查。
A．8kN/m　　　B．10kN/m　　　C．15kN/m　　　D．20kN/m

130．模板支架当底部支撑楼板的设计荷载不足时，可采取（　　）支架立杆（经计算确定）加强。
A．保留一层　　　　　　　　B．保留两层或多层
C．保留一层或多层

131．模板支架底部当支撑在地基上时，应验算（　　）。
A．地基的承载力　　　　　　B．模板支架底承载力
C．模板承载力

132．模板支架立杆底部应设置垫板，并应在支架的（　　）与建筑结构进行连接。
A．一端和两端部分　　　　　B．两端和中间部分
C．一端和中间部分

133．（　　）用于制作混凝土预制构件。

A．移动式模板　　B．装拆式模板　　C．固定式模板

134．（　　）属于移动式模板。
A．提升模板　　B．组合模板　　C．木模板

135．筒壳混凝土浇筑采用（　　）模板。
A．提升模板　　B．水平移动模板　　C．滑升模板

136．对于独立柱模，其四周应加（　　）。
A．支撑　　B．铁箍　　C．粗木条

137．固定式模板一般用于制作（　　）。
A．混凝土预制构件　　B．楼梯板　　C．楼板

138．滑升模板属于（　　）。
A．组合模板　　B．固定模板　　C．移动模板

139．肋形楼盖的梁及楼板模板通常（　　）。
A．分体支设　　B．整体支设　　C．装配支设

140．肋形楼盖的梁及楼板模板的底模板的宽度（　　）。
A．等于或略大于梁宽　　　　B．略大于梁宽
C．同梁宽

141．在梁底模板下每隔一定距离（　　）。
A．支设支柱　　B．加水平支撑　　C．加斜撑

142．楼板模板下设支柱，支柱的间距根据梁的（　　）而定。
A．断面大小　　B．长度　　C．宽度

143．当梁的高度较大时，应在梁侧模外（　　）。
A．加水平撑　　B．加斜撑　　C．加支模

144．楼板模板铺设在搁栅上，搁栅的两头搁置在横档上，间距为（　　）。
A．200～500mm　　　　B．300～600mm
C．400～500mm　　　　D．400～600mm

145．楼梯模板的外帮侧板，其宽度至少要（　　）该楼板的板厚及踏步高。
A．略小于　　B．略大于　　C．等于

146．楼梯模板的外帮侧板，其厚度一般为（　　）。
A．30mm　　B．40mm　　C．50mm　　D．60mm

147．楼梯模板的外帮侧板，其长度按（　　）确定。
A．楼梯长度加平台长度　　　　B．楼梯宽度加平台长度
C．楼梯长度

148. （　　）是土木工程施工中用得最多的模板。
     A．组合模板　　　B．固定模板　　　C．移动模板

149. 组合模板的板块主要有（　　）。
     A．塑料模板和钢框木（竹）胶合板　　B．钢模板和玻璃纤维模板
     C．钢模板和钢框木（竹）胶合板

150. 楼梯模板的外帮侧板，其宽度至少要等于该楼板的（　　）。
     A．板厚及踏步高　　　B．板宽度及踏步高
     C．板厚及踏步宽

151. 组合模板是土木工程施工中用的（　　）的模板。
     A．普通　　　B．最少　　　C．最多

152. 组合模板的拼接均使用（　　）。
     A．L形插销　　　B．U形卡　　　C．扣件

153. 相邻模板的U形卡安装距离一般不大于（　　）。
     A．200mm　　　B．300mm　　　C．400mm

154. （　　）用于组合模板中钢模板与内外钢楞的连接。
     A．钩头螺栓　　　B．L形插销　　　C．扣件

155. 组合模板中紧固螺栓用于紧固（　　）。
     A．内外钢楞　　　B．钢模板拼接　　　C．模板于梁

156. 组合模板中对拉螺栓用于连接（　　）。
     A．模板于墙壁　　　B．模板于梁　　　C．墙壁两侧模板

157. 组合模板中把梁侧模固定在底模上，钢管卡具安装在（　　）。
     A．梁上部　　　B．梁两侧部　　　C．梁下部

158. 组合模板中钢管卡具用于梁侧模上口定位，钢管卡具安装在（　　）。
     A．梁下部　　　B．梁上部　　　C．梁两侧部

159. 大模板的加劲肋作用是（　　）。
     A．固定面板　　　B．支撑面板　　　C．支撑模板梁

160. 墙壁两侧模板一般用（　　）连接。
     A．扣件　　　B．紧固螺栓　　　C．L形插销　　　D．对拉螺栓

161. 组合模板中柱模四角由（　　）连接。
     A．连接角模　　　B．阴角模板　　　C．阳角模板

162. 模板形式主要根据（　　）选择。
     A．基础的特点和施工方法　　　B．混凝土结构的特点和施工方法

C．混凝土结构的特点和基础形式

163．高层或多层建筑现浇楼板宜采用大幅面的（　　）。
A．木板或纤维板　　　　　　　　B．胶合板或纤维板
C．木板或钢板

164．模板结构的安全和稳定，主要是要求模板结构要具有（　　）。
A．足够的强度和稳定性　　　　　B．足够的整体性和稳定性
C．足够的强度和抗拉力

165．木模板与支架的自重属于（　　）荷载。
A．偶然荷载　　　B．可变荷载　　　C．永久荷载

166．（　　）属于永久荷载。
A．钢筋自重　　　B．模板自重　　　C．工作台自重

167．模板系数荷载计算，钢筋自重标准值，一般梁板结构每 $1m^3$ 钢筋混凝土，楼板可取用（　　）。
A．1.1kN　　　B．1.2kN　　　C．1.3kN

168．振捣混凝土时产生的荷载标准值，对垂直面模板取（　　）。
A．$1.0kN/m^2$　　B．$2.0kN/m^2$　　C．$3.0kN/m^2$　　D．$4.0kN/m^2$

169．（　　）属于可变荷载。
A．楼板梁　　　　　　　　　　　B．振捣混凝土时产生的荷载
C．高空坠落物

170．模板属于（　　）。
A．可变荷载　　　B．偶然荷载　　　C．恒载

171．按正常使用极限状态验算受弯构件的变形，取（　　）。
A．荷载实际值　　B．荷载均匀值　　C．荷载标准值

172．对于竖向支模或斜撑的模板构件，主要验算其（　　）。
A．支撑值　　　　B．稳定值　　　　C．压力值

173．木模板及其支撑，按设计规定，当木材含水率小于（　　）时，其设计荷载可以乘以0.9予以折算。
A．15%　　　　　B．25%　　　　　C．35%

174．木模板及其支撑，按设计规定，当木材含水率（　　）25%时，其设计荷载可以乘以（　　）予以折算。正确的是（　　）。
A．大于，0.95　　B．等于，0.9　　C．小于，0.85

175．验算模板及其支架的刚度，结构表面外露的模板其变形值为模板构件计算跨度的（　　）。

A．1/200　　　　B．1/300　　　　C．1/400　　　　D．1/500

176．验算模板及其支架的刚度，结构表面隐藏的模板其变形值为模板构件计算跨度的（　　）。
A．1/100　　　　B．1/150　　　　C．1/200　　　　D．1/250

177．验算模板及其支架的刚度，支架压缩变形值或弹性挠度为相应结构计算跨度的（　　）。
A．1/200　　　　B．1/500　　　　C．1/1000　　　　D．1/1200

178．模板稳定性的规定，受压杆件的长细比控制值，支柱等构件可取（　　）。
A．150　　　　B．250　　　　C．350　　　　D．450

179．模板稳定性的规定，受压杆件的长细比控制值，拉条等联系构件可取（　　）。
A．100　　　　B．200　　　　C．300　　　　D．400

180．模板稳定性的规定，受压杆件的长细比控制值，木、竹不应超过（　　）。
A．100　　　　B．150　　　　C．250　　　　D．300

181．模板稳定性的规定，受压杆件的长细比控制值，钢杆件不应超过（　　）。
A．250　　　　B．350　　　　C．450　　　　D．550

182．拆模时（　　）硬砸或撬棍硬撬，以免损伤混凝土表面和楞角。
A．不得用大锤　　B．可以用大锤　　C．只能用大锤

183．组合模板配板设计原则，构造无特殊要求的转角，可不用（　　）代替。
A．连接角模而用阳角模板　　　　B．阳角模板而用L形插销
C．阳角模板而用连接角模

184．组合模板配板设计原则，钢模板的长向接缝应（　　），以增加模板的整体刚度和平整度。
A．并列布置　　B．错开布置　　C．相对布置

185．当梁的跨度不小于4m时，梁底模应考虑（　　）。
A．加横撑　　B．起拱　　C．加斜撑

186．在多层或高层建筑施工中，安装上、下层的竖向支撑时，应注意保证在（　　）位置上。
A．水平线与垂直线交叉　　　　B．柱子的轴线上
C．相同的垂直线

187．拆模顺序一般是（　　）。
A．先支先拆，后支后拆　　　　B．后支后拆，先支先拆
C．先支后拆，后支先拆

188．拆除跨度较大的梁下支柱时，应先从（　　）。
A．跨端开始，拆向另一边　　　　B．跨中开始，对称拆向两端

C．第一个支柱开始，向另一个柱子拆起

189．拆模一般是先（　　），后（　　）。
　　A．拆非承重墙，拆承重墙　　　B．拆承重墙，拆非承重墙
　　C．拆内墙，拆外墙

190．拆模时，操作人员应站在（　　），以免发生安全事故。
　　A．远处　　　　B．模板下　　　　C．安全处

191．拆除 4m 高度以上的楼板，应搭设脚手架，并设（　　）。
　　A．警告标志　　B．防护栏　　　　C．大灯

192．高处拆模时，不得在（　　）同时进行拆除作业。
　　A．一个水平面　B．一个工作区　　C．一个垂直面上下

193．楼板上预留洞口，在模板拆除后，随时用（　　）盖好。
　　A．有标志的盖板盖好　　　　　　B．盖板盖好
　　C．纸板盖好

194．拆下的模板和支架，宜（　　），及时清理运走。
　　A．集中堆放　　B．分散堆放　　　C．乱堆乱放

195．楼梯梯级模板由（　　）固定。
　　A．木吊　　　　B．支撑杆　　　　C．粗铁丝

196．梯段底模（　　）侧模相接。
　　A．一端与楼梯梁　　　　　　　　B．两端与平台梁
　　C．两端与楼梯梁

197．钢框木（竹）胶合板的转角模板和异形模板一般由（　　）压制而成，其配件与组合钢模板相同。
　　A．钢材　　　　B．木材　　　　　C．竹材

198．组合模板拼接均用（　　）。
　　A．钩头螺栓　　B．U 形卡　　　　C．L 形插销

199．阶梯形基础所选钢模板的宽度最好与（　　）相同。
　　A．阶梯高度　　B．阶梯长度　　　C．阶梯宽度

200．上台阶内侧模板与外侧模板拼接处上下应加（　　）连接。
　　A．L 形扁钢板　B．U 形扁钢板　　C．T 形扁钢板

201．肋形楼盖采用组合钢模板时，梁及楼板模板（　　）。
　　A．分开支设　　B．整体支设　　　C．按工作流程单独支设

202．大模板竖楞的作用是加强模板的（　　）。

A．整体刚度 　　　　B．支撑力度 　　　　C．平衡力度

203．振捣混凝土时产生的荷载：对水平模板面为（　　　）。
A．1kN/m² 　　　　B．2kN/m² 　　　　C．3kN/m²

204．计算模板及其支架时的荷载设计值，应采用荷载标准值乘以相应的（　　　）求得。
A．荷载专项系数 　　B．荷载系数 　　C．荷载分项系数

205．模板及支架自重荷载分项系数为（　　　）。
A．1.2 　　　　B．1.3 　　　　C．1.4

206．新浇混凝土对模板侧面的压力荷载分项系数为（　　　）。
A．1.2 　　　　B．1.3 　　　　C．1.4

207．用容量大于0.8m³的运输工具倾倒混凝土时产生的水平荷载标准值为（　　　）。
A．4kN/m² 　　　　B．5kN/m² 　　　　C．6kN/m²

208．对水平混凝土构件模板支撑系统高度超过（　　　），或跨度超过18m的高大模板工程，建筑施工企业应当组织专家组进行论证审查。
A．5m 　　　　B．8m 　　　　C．10m 　　　　D．12m

209．各种模板应当按规格分类堆放整齐，地面应平整坚实，叠放高度一般不宜超高（　　　），大模板存放应放在经专门设计的存架上。
A．2m 　　　　B．2.2m 　　　　C．2.4m 　　　　D．2.6m

210．吊运大块或整体模板时，竖向吊运不少于（　　　）吊点。
A．1个 　　　　B．2个 　　　　C．4个 　　　　D．6个

211．水平吊运整体模板不少于（　　　）吊点。
A．1个 　　　　B．2个 　　　　C．4个 　　　　D．6个

212．振捣混凝土时产生的荷载标准值，对水平面模板取（　　　）。
A．1.0kN/m² 　　B．2.0kN/m² 　　C．3.0kN/m²

213．安装电梯井内墙模前，必须与板底下（　　　）处满铺一层脚手板。
A．500mm 　　B．400mm 　　C．300mm 　　D．200mm

214．模板及其支架在安装过程中，必须采取有效的防倾覆临时固定设施。
A．正确 　　　　　　　　B．错误

215．模板安装作业高度超过（　　　）时，必须搭设脚手架或平台。
A．4m 　　　　B．3m 　　　　C．2m 　　　　D．1m

216．竖向模板支撑部分安装在基土上时，应加设（　　　）。
A．正确 　　　　　　　　B．错误

217. 现浇钢筋混凝土梁、板，当跨度大于（　　）时，模板应起拱。
    A．2m　　　　　　B．3m　　　　　　C．4m

218. 上层支架立柱应对准下层支架立柱，并与立柱底铺设（　　）。
    A．垫板　　　　　　　　　　B．翻板

219. 下层楼板应具有承受上层荷载的承载能力或加设支架支撑。
    A．正确　　　　　　　　　　B．错误

220. （　　）以上应停止一切吊运作业。
    A．六级风　　　　B．五级风　　　　C．七级风

221. 模板斜支撑与侧模夹角不应小于（　　），支撑在土壁上的斜支撑应加设垫板。
    A．25°　　　　　　B．35°　　　　　　C．45°

222. 现场拼装柱模板时，应加设临时支撑进行固定，斜撑与地面的倾角宜为（　　）。
    A．60°　　　　　　B．50°　　　　　　C．40°

223. 模板未安装对拉螺栓前，板面应向（　　）倾一定角度。
    A．前　　　　　　　　　　　B．后

224. 安装梁侧模时，应边安装边与底模连接。
    A．正确　　　　　　　　　　B．错误

225. 施工现场，当作业工作面边沿没有围护设施或围护设施的高度低于（　　）时，这类作业称为临边作业。
    A．600mm　　　　B．700mm　　　　C．800mm

226. 凡深度在（　　）的桩孔、人孔、沟槽与管沿上的高处作业都属于洞口作业范围。
    A．1m及1m以上　　　　　　B．2m及2m以上
    C．3m及3m以上

第八章 主体工程

1. 由于上方施工可能坠落物件或处于起重机把杆回转范围之内的通道,在其受影响的范围内,必须搭设安全网。( )
   A．正确   B．错误

2. 外墙转角处严禁留直槎,其他临时调整间断处留槎的做法必须符合施工验收规范的规定。( )
   A．正确   B．错误

3. 混凝土保护层厚度是指钢筋外边缘到混凝土外边缘的距离。( )
   A．正确   B．错误

4. 屋面防水等级分为四级,其中四级防水年限为 8 年。( )
   A．正确   B．错误

5. 砖砌体水平砂浆饱满度的检测工具是百格网。( )
   A．正确   B．错误

6. 在雨期砖的存放必须集中码放,不宜浇水,砌体砌筑高度不宜超过 1.5m。( )
   A．正确   B．错误

7. 铺贴卷材接头采用搭接法,平行于屋脊的搭接应顺流水方向。( )
   A．正确   B．错误

8. 混凝土产生"蜂窝"的主要原因之一是振捣不良。( )
   A．正确   B．错误

9. 屋面的排水方式主要为有组织排水和无组织排水。( )
   A．正确   B．错误

10. 先张法适用的构件为大型混凝土构件。( )
    A．正确   B．错误

11. 楼面砂浆面层起砂常见原因是砂子太粗。( )
    A．正确   B．错误

12. 抹灰用的石灰膏常温熟化期不少于 10 天。( )
    A．正确   B．错误

13. 设计要求用混合砂浆,因现场没有石灰膏,可用同标号水泥砂浆代替。( )
    A．正确   B．错误

14. 砖基础上墙体首层砖要用丁砖排砌,并保证与下部大放脚错缝搭砌。(　　)
　　A．正确　　　　　　　　　　　　　B．错误

15. 卷材屋面在沥青卷材铺贴前一道工序是刷冷底子油。(　　)
　　A．正确　　　　　　　　　　　　　B．错误

16. 进入施工现场必须戴安全帽。(　　)
　　A．正确　　　　　　　　　　　　　B．错误

17. 高处作业的安全技术措施应在施工方案中确定,并在施工前完成,最后经验收确认符合要求。(　　)
　　A．正确　　　　　　　　　　　　　B．错误

18. 高处作业的人员应按规定每年进行一次体检。(　　)
　　A．正确　　　　　　　　　　　　　B．错误

19. 框架结构各层楼板尚未砌筑维护墙的周边必须设置安全防护设施。(　　)
　　A．正确　　　　　　　　　　　　　B．错误

20. 水平工作面安全防护栏杆高度应为 0.9m。(　　)
　　A．正确　　　　　　　　　　　　　B．错误

21. 坡度大于 1∶2.2 的屋面,周边安全防护栏杆应高 0.9m。(　　)
　　A．正确　　　　　　　　　　　　　B．错误

22. 坡度大于 1∶2.2 的屋面,周边安全防护栏杆应高 1.5m,应能经受 1000N 外力。(　　)
　　A．正确　　　　　　　　　　　　　B．错误

23. 坡度大于 1∶2.2 的屋面安全防护栏杆应用安全立网封闭,并在栏杆底部设置高度不低于 180mm 的挡脚板。(　　)
　　A．正确　　　　　　　　　　　　　B．错误

24. 高处钢筋绑扎、安装施工应搭设施工脚手架。(　　)
　　A．正确　　　　　　　　　　　　　B．错误

25. 浇筑离地 2m 以上混凝土时,应搭设操作平台,不得站在模板或支撑杆上操作。(　　)
　　A．正确　　　　　　　　　　　　　B．错误

26. 墙面处的竖向洞口(如电梯井口、管道井口),只要在井口处设防护栏杆或固定栅门即可。(　　)
　　A．正确　　　　　　　　　　　　　B．错误

27. 悬空进行门窗安装作业时,作业者严禁站在拦板上作业,要挂牢安全带,并将安全带拴牢在上方可靠物上。(　　)
　　A．正确　　　　　　　　　　　　　B．错误

28. 高处作业交叉施工宜上下在同一垂直方向上作业。（　　）
    A．正确　　　　　　　　　　　　B．错误

29. 建筑物的出入口，升降机的上料口等人员集中处的上方，应设置防护棚。（　　）
    A．正确　　　　　　　　　　　　B．错误

30. 砂浆搅拌机工作时，机械应先启动，待机械运转正常后再加料搅拌，要边加料边加水。
    （　　）
    A．正确　　　　　　　　　　　　B．错误

31. 搅拌机上料斗下可以站人，起斗停机时必须挂上安全钩。（　　）
    A．正确　　　　　　　　　　　　B．错误

32. 向基坑内运送砖石等材料，当高度超过 1.5m 时，应设溜放槽送下，卸料时要通知下面人员躲开。（　　）
    A．正确　　　　　　　　　　　　B．错误

33. 往架子上运料时，每平方米承载不超过 270kg，砖垛高度单排不超过四码，在灰槽及水桶前，不准放砖。（　　）
    A．正确　　　　　　　　　　　　B．错误

34. 人工垂直往上或下传递砖、砌体时，架子的站人板宽度不应小于 60cm。（　　）
    A．正确　　　　　　　　　　　　B．错误

35. 槽宽小于 5m 时，应在砌筑站人的一侧留有 40cm 的操作宽度。（　　）
    A．正确　　　　　　　　　　　　B．错误

36. 墙身砌体高度超过地坪 1.2m 及以上时，应搭设脚手架。（　　）
    A．正确　　　　　　　　　　　　B．错误

37. 在一层以上或高度超过 4m 时砌筑墙体，应采用里脚手架，外侧周围支搭安全大网。
    （　　）
    A．正确　　　　　　　　　　　　B．错误

38. 绑扎钢筋和安装钢筋骨架时，人可站在钢管脚手架上作业。（　　）
    A．正确　　　　　　　　　　　　B．错误

39. 砌筑一层以上的交叉作业入口时，要搭设防护棚或安全网。（　　）
    A．正确　　　　　　　　　　　　B．错误

40. 高层建筑的安全网，应随墙身逐层上升，超过十层时，下部要另设一道水平安全网。
    （　　）
    A．正确　　　　　　　　　　　　B．错误

41. 脚手架上堆料量不得超过规定的荷载，同一块脚手板上的操作人员不应超过 5 人。

（　　）

A．正确　　　　　　　　　　　　B．错误

42．在楼层（特别是预制楼板面）施工时，堆放机具、砖块等物品不得超过使用荷载。（　　）

A．正确　　　　　　　　　　　　B．错误

43．允许站在墙顶上做划线、刮缝及清扫墙面等工作。（　　）

A．正确　　　　　　　　　　　　B．错误

44．不准用不稳固的脚手板上垫高操作，在未经加固的情况下，可以在一层脚手架上随意再叠加一层。（　　）

A．正确　　　　　　　　　　　　B．错误

45．砍砖时应向外打，注意不要让碎砖跳出伤人。（　　）

A．正确　　　　　　　　　　　　B．错误

46．在砌体施工时，砌体应及时加设必要的支撑或锚筋。（　　）

A．正确　　　　　　　　　　　　B．错误

47．墙面等处的竖向洞口，凡落地的洞口应加装开关式、工具式或固定式的防护门，门栅网格的间距不应大于 15cm，也可采用防护栏杆，下设挡脚板（笆）。（　　）

A．正确　　　　　　　　　　　　B．错误

48．建筑外侧落差大于 2m 的临边作业应设临时安全护栏。（　　）

A．正确　　　　　　　　　　　　B．错误

49．头层墙高度超过 3.2m 的二层楼面周边，以及无外脚手的高度超过 3.2m 的楼层周边，无需架设安全平网。（　　）

A．正确　　　　　　　　　　　　B．错误

50．分层施工的楼梯口和梯段边，只要施工进度快，可无需设安全护栏。（　　）

A．正确　　　　　　　　　　　　B．错误

51．顶层楼梯口应随工程结构进度安装正式安全防护栏杆。（　　）

A．正确　　　　　　　　　　　　B．错误

52．井架、施工用电梯和脚手架等与建筑物相连的通道两侧，必须设安全防护栏杆。（　　）

A．正确　　　　　　　　　　　　B．错误

53．地面安全通道上部应装设安全防护棚。（　　）

A．正确　　　　　　　　　　　　B．错误

54．各种垂直运输接料平台，只需两侧设安全防护栏杆。（　　）

A．正确　　　　　　　　　　　　B．错误

55. 当临边对着街道时,只要在敞口立面采取满挂安全网或其他可靠措施作全封闭处理即可。( )
    A．正确　　　　　　　　　　　　B．错误

56. 建筑物施工时各种洞口必须设置牢固的盖板、防护栏杆、安全网或其他防坠落的防护设施。( )
    A．正确　　　　　　　　　　　　B．错误

57. 施工中电梯井口必须设防护栏杆或固定栅门。( )
    A．正确　　　　　　　　　　　　B．错误

58. 悬空大梁钢筋的绑扎,必须在满铺脚手板的支架或操作平台上操作。( )
    A．正确　　　　　　　　　　　　B．错误

59. 施工现场通道附近的各类洞口与坑槽等处,除设置防护设施与安全标志外,夜间还应设警示标志。( )
    A．正确　　　　　　　　　　　　B．错误

60. 楼板、屋面和平台等面上短边尺寸小于 25cm 但大于 2.5cm 的孔口,必须用坚实的纸板盖设。盖板应能防止挪动移位。( )
    A．正确　　　　　　　　　　　　B．错误

61. 预应力张拉区域应标示明显的安全标志,非操作人员可以临时进入。( )
    A．正确　　　　　　　　　　　　B．错误

62. 边长为 50～150cm 的洞口,必须设置以扣件扣接钢管而成的网格,并在其上满铺竹笆或脚手板。( )
    A．正确　　　　　　　　　　　　B．错误

63. 边长为 50～150cm 的洞口也可采用竹、木等作盖板,盖住洞口即可。( )
    A．正确　　　　　　　　　　　　B．错误

64. 边长在 150cm 以上的洞口,四周应设安全防护栏杆,洞口下张设安全平网。( )
    A．正确　　　　　　　　　　　　B．错误

65. 进行预应力筋张拉时,应搭设站立操作人员和设置张拉设备用的牢固可靠的脚手架或操作平台。( )
    A．正确　　　　　　　　　　　　B．错误

66. 雨天进行预应力筋张拉时,应架设防雨棚。( )
    A．正确　　　　　　　　　　　　B．错误

67. 对有坠落危险性的竖向孔、洞口,均应采取警示措施。( )
    A．正确　　　　　　　　　　　　B．错误

68. 绑扎钢筋和安装钢筋骨架时,可借助钢筋管。( )

A．正确　　　　　　　　　　　　B．错误

69．绑扎 3m 以上的柱钢筋，必须搭设操作平台。（　　）
　　A．正确　　　　　　　　　　　　B．错误

70．高处进行混凝土浇筑作业，当无可靠的安全防护设施时，作业者必须系好安全带并扣好保险钩。（　　）
　　A．正确　　　　　　　　　　　　B．错误

71．绑扎立柱和墙体钢筋时，可临时站在钢筋骨架上或攀登骨架上下。（　　）
　　A．正确　　　　　　　　　　　　B．错误

72．6m 以内的柱钢筋施工，可先在地面或楼面上绑扎好，再整体竖立安装。（　　）
　　A．正确　　　　　　　　　　　　B．错误

73．浇筑离地 2m 以上框架、梁、雨篷和小平台混凝土时，可直接站在模板或支撑件上操作。（　　）
　　A．正确　　　　　　　　　　　　B．错误

74．高处浇筑拱形结构混凝土，应自一端向另一端进行。浇筑储仓，下口应先行封闭，并搭设脚手架以防人员坠落。（　　）
　　A．正确　　　　　　　　　　　　B．错误

75．绑扎圈梁、挑梁、挑檐、外墙和边柱等钢筋时，应搭设操作台架和张挂安全网。（　　）
　　A．正确　　　　　　　　　　　　B．错误

76．下边沿至楼板或底面低于 80cm 的窗台等竖向洞口，如侧边落差大于 2m 时，应加设 1.2m 高的临时护栏。（　　）
　　A．正确　　　　　　　　　　　　B．错误

77．楼板面等处边长为 25～50cm 的洞口、安装预制构件时的洞口以及缺件临时形成的洞口，可用竹、木等作盖板，盖住洞口即可。（　　）
　　A．正确　　　　　　　　　　　　B．错误

78．钢管桩、钻孔桩等桩孔上口，杯形、条形基础上口，未填土的坑槽，以及上人孔、天窗、地板门等处，均应按洞口防护设置稳固的盖件。（　　）
　　A．正确　　　　　　　　　　　　B．错误

79．电梯井内应每隔三层并最多隔 10m 设一道水平安全网。（　　）
　　A．正确　　　　　　　　　　　　B．错误

80．已砌好的山墙，应临时用联系料（如檩条等）放置于各跨的山墙上，使其联系稳定，或采取其他有效的加固措施。（　　）
　　A．正确　　　　　　　　　　　　B．错误

81. 砌体作业者在外脚手架上施工时应在脚手架设置护身栏杆和挡脚板后方可砌筑。（　　）
   A．正确　　　　　　　　　　　　B．错误

82. 尚未安装栏杆或挡板的阳台及楼梯段设置临时防护设施。（　　）
   A．正确　　　　　　　　　　　　B．错误

83. 釉面砖应先在清水中浸泡2～3h，取出晾干，表面无水迹后，方可使用。（　　）
   A．正确　　　　　　　　　　　　B．错误

84. 张拉钢筋的两端必须设置挡板。挡板应距所张拉钢筋的端部1.5～2m，且应高出最上一组张拉钢筋0.5m，其宽度应距张拉钢筋两外侧不小于1m。（　　）
   A．正确　　　　　　　　　　　　B．错误

85. 结构施工自二层起，凡人员进出的通道口（包括井架、施工用电梯的进出通道口），均应搭设安全防护棚。高度超过24m上的交叉作业，应设双层防护。（　　）
   A．正确　　　　　　　　　　　　B．错误

86. 混凝土拌和物的和易性包括（　　）。
   A．保水性、流动性、黏聚性　　　B．干硬性、密实性、黏聚性
   C．流动性、密实性、黏聚性

87. 瓷质饰面砖空鼓的原因是（　　）。
   A．面砖浸水不足、基层不平整　　B．基层不平整、结构强度不足
   C．结合层不饱满、面砖浸水不足　D．结构强度不足、面砖强度不足

88. 预应力混凝土构件与普通混凝土构件相比较有（　　）优点。
   A．提高刚度、节约材料，减轻自重、推迟受拉区裂缝出现时间
   B．增强抗冻性、推迟受拉区裂缝出现时间、提高耐磨性
   C．提高耐磨性、节约材料，减轻自重、增强抗冻性

89. 砌筑砂浆黏结力的大小对砌体的（　　）有影响。
   A．抗剪强度、抗压能力、抗冻性　　B．抗压能力、抗震能力、稳定性
   C．抗冻性、稳定性、抗剪强度　　　D．抗震能力、稳定性、抗剪强度

90. 砖墙面抹灰层空鼓原因是（　　）。
   A．石灰熟化不够、墙面没有湿润、基层清理不干净
   B．墙面没有湿润、基层清理不干净、一次抹灰太厚
   C．一次抹灰太厚、基层清理不干净、未设灰饼

91. 裱糊工程对各拼幅的质量要求是（　　）。
   A．不空鼓、无气泡、横平竖直、拼接处花纹、图案应吻合，1.5m处正视不显拼缝
   B．横平竖直；不空鼓、无气泡，1.0m处正视不显拼缝
   C．拼接处花纹、图案应吻合，不空鼓、无气泡，1.0m处正视不显拼缝

92. 砖砌体工程的总体质量要求为（　　）。
    A．灰缝饱满、上下错缝、横平竖直、接搓可靠
    B．内外对齐、横平竖直、上下错缝
    C．上下错缝、接搓牢固、内外对齐

93. 混凝土的耐久性包括（　　）。
    A．耐磨性、抗侵蚀性、流动性　　B．抗冻性、耐磨性、流动性
    C．抗渗性、抗冻性、抗侵蚀性

94. 可以增强房屋整体刚度的是（　　）。
    A．圈梁、黏土砖、框架柱　　B．构造柱、圈梁、支撑系统
    C．黏土砖、支撑系统、框架柱

95. 高处作业的人员应（　　）。
    A．每年一次体检　　B．定期体检　　C．三年一次体检

96. 框架结构各层楼板尚未砌筑围护墙的周边（　　）。
    A．必须设置安全防护设施　　B．可以设置安全防护设施
    C．不需设置安全防护设施

97. 水平工作面安全防护栏杆高度应为（　　）。
    A．1.2m　　B．1.5m　　C．1.8m

98. 浇筑离地 2m 以上混凝土时，应设置（　　）。
    A．脚手架即可
    B．操作平台，作业者不得站在模板或支撑杆上操作
    C．操作平台，作业者也可以站在模板或支撑杆上操作

99. 墙面处的竖向洞口（如电梯井口、管道井口），除应在井口处设防护栏杆或固定栅门外，井道内应每隔（　　）。
    A．10m 设一道平网　　B．8m 设一道平网
    C．10m 设两道平网　　D．8m 设两道平网

100. 悬空进行门窗安装作业时，作业者（　　）作业，且必须挂牢安全带，并将安全带拴牢在上方可靠物上。
    A．可以临时站在栏板上　　B．站在栏板上
    C．严禁站在栏板上

101. 向基坑内运送砖石等材料，当高度超过 1.5m 深时，应（　　），卸料时要通知下面人员躲开。
    A．设溜放槽送下　　B．直接送下　　C．用绳子绑好送下

102. 人工垂直往上或下传递砌体时，架子的站人板宽度不应（　　）。

A．大于 60cm　　B．小于 50cm　　C．大于 60cm　　D．小于 60cm

103． 槽宽小于 1m 时，应在砌筑施工站人的一侧留有（　　）的操作宽度。
A．30cm　　B．40cm　　C．50cm　　D．60cm

104． 当砌筑作业者站在外脚手架上作业时，脚手架上应在设置（　　）方可砌筑。
A．护身栏杆和挡脚板前　　B．护身栏杆和挡脚板后
C．护身栏杆和挡脚板同时

105． 窗台施工高度大于 2m 应设（　　）。
A．临时脚手架　　B．临时护栏　　C．警戒符号

106． 地面通道上部应装设（　　），双笼井架通道中间应予分隔封闭。
A．安全网　　B．脚手架　　C．安全防护棚

107． 各种垂直运输接料平台，除两侧设防护栏杆外，平台口还应设置（　　）。
A．安全门或活动防护栏杆　　B．安全网
C．安全网或脚手架

108． 电梯井口必须（　　）。
A．设警戒线　　B．设盖板　　C．设防护栏杆或固定栅门

109． 电梯井内应每隔（　　）设一道安全水平网。
A．两层并最多隔 10m　　B．三层并最多隔 15m
C．四层并最多隔 20m

110． 施工现场通道附近的各类洞口与坑槽等处，除设置防护设施与安全标志外，夜间还应（　　）。
A．设红灯示警　　B．设警戒符号　　C．设安全标语

111． 边长为 50~150cm 的洞口，必须设置（　　）。
A．木条网格，并在其上满铺竹笆或脚手板
B．扣件扣接钢管而成的网格，并在其上满铺竹笆或脚手板
C．扣件扣接钢管而成的网格即可

112． 边长在 150cm 以上的洞口，四周设防护栏杆，洞口（　　）。
A．铺木板　　B．设警戒符号　　C．下张设安全平网

113． 下边沿至楼板或底面低于 80cm 的窗台等竖向洞口，如侧边落差大于 2m 时，应加设（　　）高的临时护栏。
A．1.2m　　B．0.8m　　C．0.9m

114． 绑扎圈梁、挑梁、挑檐、外墙和边柱等钢筋时，应搭设（　　）和张挂安全网。
A．脚手架　　B．钢管　　C．操作台架

115. 混凝土浇筑时的悬空作业，浇筑离地 2m 以上框架、过梁、雨篷和平台时，应设操作平台，作业者（　　）。
   A．也可直接站在模板或支撑件上操作　　B．也可临时站在模板或支撑件上操作
   C．不得直接站在模板或支撑件上操作

116. 混凝土浇筑时的悬空作业，浇筑拱形结构，应自（　　），浇筑储仓，下口应先行封闭，并搭设脚手架以防人员坠落。
   A．两边拱脚对称地相向进行　　B．一边拱脚向另一边相向进行
   C．第一个柱子向另一边相向进行

117. 预应力张拉区域应标示明显的安全标志，禁止（　　）进入施工区域。
   A．任何人员　　B．非操作人员　　C．施工管理人员

118. 施工现场的场地可以采用哪种方式适当硬化？（　　）
   A．必须做混凝土地面
   B．有条件的做混凝土地面，无条件的可以采用石屑、焦渣、砂头等方式硬化
   C．不得采用石屑、焦渣、砂头等方式硬化
   D．素土即可

119. 雨天和雪天进行高处作业时，必须采取可靠的防滑、防寒和（　　）措施。
   A．防霜　　B．防水　　C．防雾　　D．防冻

120. 坡度大于 1∶2 的屋面，临边安全防护栏杆应设置多高？（　　）
   A．1m　　B．1.2m　　C．1.3m　　D．1.5m

121. 防护栏杆必须自上而下用安全立网封闭，或在栏杆下边装设高度不低于（　　）的挡脚板或 40cm 的挡脚笆。
   A．14cm　　B．16cm　　C．18cm　　D．20cm

122. 电梯井口必须设防护栏杆或固定栅门，电梯井内应每隔两层并最多隔（　　）设一道水平安全网。
   A．8m　　B．9m　　C．10m　　D．12m

123. 边长超过（　　）的洞口，四周设防护栏杆，洞口下张设安全平网。
   A．130cm　　B．150cm　　C．180cm　　D．200cm

124. 进行窗口施工作业时，操作人员的重心应位于（　　）。
   A．室内　　B．室外　　C．窗口　　D．窗外

125. 安装管道时必须以已完结构或（　　）为立足点，严禁在安装中的管道上站立和行走。
   A．脚手架　　B．模板　　C．折梯　　D．操作平台

126. 临边防护栏杆采用钢筋作杆件时，上杆直径不应小于 16mm，下杆直径不应小于 14mm，栏杆柱直径不应小于（　　）。

A．14mm B．16mm C．18mm D．20mm

127．上下梯子时，必须（　　）梯子，且不得手持器物。
A．背向 B．左侧向 C．右侧向 D．面向

128．下面哪项叙述的是主体工程施工的特点？（　　）
A．①高处作业多；②交叉作业多；③夜间施工多；④使用的设备多
B．①高处坠落；②物体打击；③坍塌；④触电；⑤起重伤害；⑥机械伤害
C．①工期短，流动性强；②安全隐患多，危险性大；③工人随意性大

129．凡在坠落高度基准面（　　）以上有可能坠落的高处进行的作业称为高处作业。
A．1m及1m B．2m及2m C．3m及3m D．4m及4m

130．以作业位置为中心，（　　），划出一个垂直水平面的柱形空间，此柱形空间内最低处与作业位置间高度差称为基础高度。
A．5m为直径 B．5m为半径 C．6m为直径 D．6m为半径

131．建筑施工作业高度以（　　）表示。
A．R B．Q C．B D．H

132．主体工程施工主要的伤害事故为（　　）。
A．①高处作业；②交叉作业；③夜间施工；④使用的设备
B．①交叉作业；②夜间施工；③起重伤害；④触电
C．①高处坠落；②物体打击；③坍塌；④触电；⑤起重伤害；⑥机械伤害

133．高处作业分级为（　　），5～15m，15～30m及大于30m四个区域。
A．1～5m B．2～5m C．3～5m D．4～5m

134．基础高度用（　　）表示。
A．b B．r C．h D．q

135．阵风风力（　　）（风速10.8m/s）及以上是直接引起坠落的客观危险因素之一。
A．六级 B．七级 C．八级

136．GB/T 4200—2008《高温作业分级》规定的（　　）级以上的高温条件是直接引起坠落的客观危险因素之一。
A．Ⅰ B．Ⅱ C．Ⅲ

137．高处作业分级为2～5m、（　　）及大于30m四个区域。
A．5～10m、10～20m B．5～12m、12～25m
C．5～15m、15～30m D．5～18m、18～30m

138．气温低于（　　）的室外环境是直接引起坠落的客观危险因素之一。
A．8℃ B．9℃ C．10℃

139．当h为2～5时，可能坠落范围半径R为（　　）。

A. 1m B. 2m C. 3m D. 4m

140. 高处作业分级为 2～5m、5～15m、15～30m 及大于（   ）四个区域。
A. 30m B. 35m C. 40m D. 45m

141. 当 h 为 5～15m 时，可能坠落范围半径 R 为（   ）。
A. 2m B. 3m C. 4m D. 5m

142. 凡发现患有精神病、癫痫病及经医生鉴定患有（   ）等不宜从事高处作业病症的人员，不准参加高处作业。
A. 胃炎、肩周炎 B. 高血压、肩周炎
C. 关节炎、颈椎炎 D. 高血压、心脏病

143. 进入施工现场的人必须正确佩戴（   ）。
A. 安全帽 B. 头灯 C. 工作帽

144. 当 h 为 15～30m 时，可能坠落范围半径 R 为（   ）。
A. 2m B. 3m C. 4m D. 5m

145. 高处作业点的下方必须设（   ）。
A. 踏板 B. 脚手架 C. 安全网

146. 凡无外架防护施工，必须在（   ）处设一层固定的安全网。
A. 第一层或者离地高度 3m B. 第二层或者离地高度 4m
C. 第一层或者离地高度 4m

147. 当 h 为 30m 时，可能坠落范围半径 R 为（   ）。
A. 6m B. 5m C. 4m D. 3m

148. 焊接简易楼梯栏杆：可用直径 12mm、长 1200mm 的（   ），垂直焊接在楼梯踏步的预埋件上，上端焊接与楼梯扶手进行防护。
A. 钢筋 B. 粗铁丝 C. 钢管

149. 外架子上的跳板（   ），围网要封严。
A. 中间铺一层 B. 靠墙铺 C. 要铺满

150. 挑杆方法将枝干从窗口向上挑出，靠近檐板，坡顶屋面高出（   ），挑杆间距不大于 3m，在挑杆的上端绑上两道水平栏再挂围网。
A. 1m B. 1.5m C. 2m D. 2.5m

151. 施工临时梯子踏步高度在 30～40cm，梯子与地面角度为（   ）。
A. 50°～60° B. 60°～70° C. 70°～80°

152. 夜间施工现场应有足够的照明，大的预留孔洞还需设（   ）。
A. 安全标志灯 B. 安全标志 C. 警戒线

153. 挑杆的枝干从窗口向上挑出，靠近檐板，高出屋面 1.2m（坡顶屋面高出 1.5m），挑杆间距不大于 3m，在挑杆的上端绑上（　　），挂围网。
    A．一道水平栏　　B．两道水平栏　　C．一道垂直栏　　D．两道垂直栏

154. 用手推车推砖时，前后两车应保持相应的安全距离，坡道上不应小于（　　），严禁撒把，以防两车相撞或撞伤他人。
    A．8m　　B．9m　　C．10m　　D．15m

155. 作业人员砍砖时（　　）。
    A．面向内打　　B．面向外打　　C．可随意打

156. 钢筋加工时非作业人员（　　）进入钢筋加工场地。
    A．不得　　B．可以　　C．必须

157. 施工中在建筑物内的钢筋要（　　）。
    A．集中堆放　　B．分散堆放　　C．叠加堆放

158. 脚手架上（　　）堆放钢筋。
    A．可过多　　B．不可过多　　C．可任意

159. 使用塔式起重机等垂直运输工具吊运钢筋时，必须由（　　）指挥。
    A．专业运输工　　B．专业塔吊司机　　C．专业信号工

160. 脚手架的搭设必须由（　　）搭设且应符合安全技术操作规程。
    A．专业架子工　　B．专业钢筋工　　C．专业机修工

161. （　　）溜槽帮上操作混凝土浇筑。
    A．可以站在　　B．严禁直接站在　　C．必须站在

162. （　　），刺激过敏等患者，不宜参加屋面施工作业。
    A．胃病　　B．颈椎病　　C．皮肤病

163. 屋面施工作业时，绝对禁止作业人员（　　）。
    A．聊天　　B．喝水　　C．从高处向低处乱扔杂物

164. 刮大风时（　　）屋面施工作业。
    A．应停止　　B．应集中注意力，缓慢地进行
    C．应集中注意力，正常进行

165. 屋面防水层施工，施工现场附近不得堆放（　　）。
    A．杂物　　B．易燃品　　C．电气设备

166. 墙面抹灰的高度超过（　　）时，要搭设脚手架或操作平台。
    A．1.5m　　B．2m　　C．2.5m　　D．3m

167. 抹灰人员不要在（　　）上同步作业。

A．同一水平面　　B．同一垂直面　　C．同一工作面

168. 涂刷红丹防锈漆及含铅颜料的油漆时，工作人员要戴上（　　）。
A．口罩　　　　　B．眼罩　　　　　C．围巾

169. 建筑物吊顶时要由（　　）搭设满堂红脚手架。
A．专业钢筋工　　B．专业机械工　　C．专业架子工

170. 吊顶人员站在脚手架操作面上作业，操作面必须铺满，脚手板作业人员要穿（　　）。
A．防滑鞋　　　　B．胶鞋　　　　　C．高跟鞋

171. 吊顶的主次龙骨与（　　）要连接牢固，防止吊顶脱落伤人。
A．屋顶抹灰层　　B．屋顶结构层　　C．屋顶防水层

172. 脚手架的操作面上（　　）集中堆积面砖和砂浆。
A．不可　　　　　B．可以　　　　　C．必须

173. 裁割面砖（　　）进行。
A．可以在任意地方　　　　　B．可以临时在脚手架上
C．要在地面上

174. 遇有大风天气，要（　　）外墙面砖的施工。
A．集中注意力，缓慢地进行　　B．停止
C．集中注意力，正常进行

175. 吊顶的房间或部位要由专业架子工搭设满堂红脚手架，脚手架的临边外设（　　）和一道挡脚板。
A．一道防护栏杆　　B．两道防护栏杆　　C．三道防护栏杆

176. 楼板、屋面和平台等面上短边尺寸小于（　　），但大于2.5cm的孔口必须用坚实的盖板盖设。
A．20cm　　　　B．25cm　　　　C．30cm　　　　D．35cm

第九章 建筑施工现场的防火防爆

1. 我国消防工作的方针是"预防为主,消防结合"。( )
   A．正确　　　　　　　　　　　　　B．错误

2. 建筑构件和建筑材料的防火性能与建筑构件的耐火极限和建筑材料的燃烧性能密切相关。( )
   A．正确　　　　　　　　　　　　　B．错误

3. 存放生石灰的场所附近不要堆放任何物品。( )
   A．正确　　　　　　　　　　　　　B．错误

4. 高压线两侧水平距离 6m 以内,禁止存放易燃、可燃材料。( )
   A．正确　　　　　　　　　　　　　B．错误

5. 施工现场重点防范的对象有变电室,易燃易爆物品的临时仓库、各种电器设备等。( )
   A．正确　　　　　　　　　　　　　B．错误

6. 禁火区域内,油箱、油槽车以及储存过可燃气体、易燃液体的容器及其连接在一起的辅助设备处不能进行焊、割施工。( )
   A．正确　　　　　　　　　　　　　B．错误

7. 库房内严禁吸烟、用火。( )
   A．正确　　　　　　　　　　　　　B．错误

8. 当施工现场消防车道的宽度仅能供一辆汽车通行时,应在适当地点建修停车场。( )
   A．正确　　　　　　　　　　　　　B．错误

9. 地下没有自来水管的工地,面积在 5000～10000m^2,必须建造其储水量不小于 70t 的储水池。( )
   A．正确　　　　　　　　　　　　　B．错误

10. 根据施工现场的面积大小和建筑物的分布情况设置一定数量的消火栓,施工现场的室外消火栓直径统一为 70mm,设在易燃的工棚、仓库及拟建工程附近。( )
    A．正确　　　　　　　　　　　　　B．错误

11. 建筑防火规定,消火栓可沿道路设置,距拟建房屋不大于 5m,距路边不大于 2m。( )
    A．正确　　　　　　　　　　　　　B．错误

12. 建筑防火规定,消火栓周围 5m 以内,禁止堆物、堆料,并设有明显的标志。( )
    A．正确　　　　　　　　　　　　　B．错误

13. 施工现场的消防设计，要根据其工程性质、特点、施工条件，采用分区防范，涉及防火分隔物、防火间距、安全疏散通道及其他有效措施。（　　）
    A．正确　　　　　　　　　　　　　B．错误

14. 施工现场气罐库如果与厨房或其他房屋毗连，应设安全疏散通道。（　　）
    A．正确　　　　　　　　　　　　　B．错误

15. 仓库的防火要求施工材料的存放和保管应符合防火安全要求。（　　）
    A．正确　　　　　　　　　　　　　B．错误

16. 仓库内一般不宜安装电气设备。（　　）
    A．正确　　　　　　　　　　　　　B．错误

17. 根据不同环境的要求，正确设计和选择导线截面、设备的保护装置，严禁线路长期在超过负荷条件下工作。（　　）
    A．正确　　　　　　　　　　　　　B．错误

18. 各种电器具应绝缘良好，保证电器之间的安全距离，防止发生短路故障。（　　）
    A．正确　　　　　　　　　　　　　B．错误

19. 严禁利用灯具作为取暖或烘烤材料。（　　）
    A．正确　　　　　　　　　　　　　B．错误

20. 扑灭电气火灾切断电源时要戴安全口罩，使用带绝缘柄的工具。（　　）
    A．正确　　　　　　　　　　　　　B．错误

21. 扑灭充油的电气设备火灾时，可采用干燥的黄沙覆盖住火焰。（　　）
    A．正确　　　　　　　　　　　　　B．错误

22. 扑灭电气火灾要使用绝缘性能良好的灭火剂，如使用喷射水流及泡沫灭火器等灭火。（　　）
    A．正确　　　　　　　　　　　　　B．错误

23. 电石桶、电石库房着火只能用干砂、干粉灭火器和二氧化碳灭火器进行扑救。（　　）
    A．正确　　　　　　　　　　　　　B．错误

24. 乙炔发生器着火首先要关闭出气管阀门，停止供气，使电石与水脱离接触。（　　）
    A．正确　　　　　　　　　　　　　B．错误

25. 电焊机着火首先要切断电源，然后再扑救。在未断电源前，用水或泡沫灭火器救火。（　　）
    A．正确　　　　　　　　　　　　　B．错误

26. 焊接和气割均属于明火作业。（　　）
    A．正确　　　　　　　　　　　　　B．错误

27. 凡未办理动火审批手续，不得进行焊、割作业。（ ）
    A．正确　　　　　　　　　　　　　　　B．错误

28. 进行电焊、气割前，应由施工人员向操作人员、学徒工及实习人员进行安全交底，任何人不准纵容冒险作业。（ ）
    A．正确　　　　　　　　　　　　　　　B．错误

29. 焊、割操作不准与油漆、喷漆、木工等易燃易爆操作同部位、同时间上下交叉作业。（ ）
    A．正确　　　　　　　　　　　　　　　B．错误

30. 在遇有二级有风天气时，高空和露天的焊、割工作应停止。（ ）
    A．正确　　　　　　　　　　　　　　　B．错误

31. 严禁用工地的金属构件，管道或其他金属物体作为导线使用。（ ）
    A．正确　　　　　　　　　　　　　　　B．错误

32. 手工电弧焊时焊机下面要用纸板垫好，并设防雨棚。（ ）
    A．正确　　　　　　　　　　　　　　　B．错误

33. 气焊、气割工作前检查所有设备、附件及管路漏气时只准用清水试验。（ ）
    A．正确　　　　　　　　　　　　　　　B．错误

34. 气焊、气割工作时氧气瓶和乙炔发生器应放置在操作场地下风位置，以防火花飞溅引起事故。（ ）
    A．正确　　　　　　　　　　　　　　　B．错误

35. 严禁气焊、气割在内存压力或有易燃易爆等介质的容器、管道上进行作业。（ ）
    A．正确　　　　　　　　　　　　　　　B．错误

36. 看火人员要等操作结束后，仔细检查焊、割地点，确认无火灾隐患后，方可离开。（ ）
    A．正确　　　　　　　　　　　　　　　B．错误

37. 焊、割现场 10m 以内可以存放易燃易爆物品。（ ）
    A．正确　　　　　　　　　　　　　　　B．错误

38. 使用乙炔发生器时严禁任意拆换安全膜，更不允许用其他金属片，特别是紫铜片代替铝片，以防失去防爆作用和产生乙炔铜，发生危险。（ ）
    A．正确　　　　　　　　　　　　　　　B．错误

39. 乙炔发生器应防止在距离明火 20m 以外。（ ）
    A．正确　　　　　　　　　　　　　　　B．错误

40. 搬运乙炔气瓶时，应装好瓶帽，防止强烈震动和避免撞击。（ ）
    A．正确　　　　　　　　　　　　　　　B．错误

41. 氧气瓶严禁与油脂接触，操作人员不得用沾有油脂的手套、扳手去开、关瓶阀，以免发生事故。（   ）
    A．正确   B．错误

42. 氧气瓶距离明火应 10m 以外，与乙炔瓶工作间距不得小于 5m，两瓶同明火作业的距离均不得小于 15m。（   ）
    A．正确   B．错误

43. 对易引起火灾的仓库，应将库房内、外区域分段设防火墙，分成若干防火单元，以考虑失火后能阻止火势的扩散。（   ）
    A．正确   B．错误

44. 拖拉机不准进入易燃仓库、堆料场进行装卸作业。（   ）
    A．正确   B．错误

45. 易燃仓库内安装的开关箱、接线盒，应距离易燃物不小于 1.5m，不准乱拉临时电气线路。（   ）
    A．正确   B．错误

46. 施工现场的道路应畅通无阻；夜间应设警示标志，并加强值班保卫。（   ）
    A．正确   B．错误

47. 在高压架空线下面可以搭设临时性建筑物或堆放可燃物品。（   ）
    A．正确   B．错误

48. 焊、割作业点与氧气瓶和乙炔发生器等危险物品的距离不得少于 10m，与易燃易爆物品的距离不得少于 30m。（   ）
    A．正确   B．错误

49. 属一、二、三级动火范围的焊割作业，未经办理动火审批手续，不准进行焊割。（   ）
    A．正确   B．错误

50. 用可燃材料作保温层、冷却层、隔热设备的部位，或火星飞溅到的地方，在未采取切实可靠的安全措施之前，不准焊、割。（   ）
    A．正确   B．错误

51. 施工现场发生火警或火灾，应立即报告本部门，以最快的速度组织抢救。（   ）
    A．正确   B．错误

52. 危险性较大的登高焊、割作业属一级动火。（   ）
    A．正确   B．错误

53. 登高焊、割作业为一级动火。（   ）
    A．正确   B．错误

54. 24m 以上的高层建筑施工现场，应设置具有足够扬程的高压水泵或其他防火设备和设

施。（　　）
A．正确　　　　　　　　　　　　B．错误

55．一般临时设施区，每100m²配备两个灭火机。（　　）
A．正确　　　　　　　　　　　　B．错误

56．临时木工间、油漆间等，每25m²应配置一个种类合适的灭火机。（　　）
A．正确　　　　　　　　　　　　B．错误

57．储量小的易燃仓库应设2个以上的大门，并应将生活区、生活辅助区和堆场分开布置。（　　）
A．正确　　　　　　　　　　　　B．错误

58．有明火的生产辅助区和生活用房与易燃堆垛之间至少应保持30m的防火间距。（　　）
A．正确　　　　　　　　　　　　B．错误

59．有飞火的烟囱应布置在易燃仓库的上风地带。（　　）
A．正确　　　　　　　　　　　　B．错误

60．在易燃物堆垛附近不准生火烧饭，不准吸烟。（　　）
A．正确　　　　　　　　　　　　B．错误

61．装过化学危险物品的车，必须在清洗干净后方准装运易燃和可燃物。（　　）
A．正确　　　　　　　　　　　　B．错误

62．储存大量易燃品的仓库场地应设置联合的避雷装置。（　　）
A．正确　　　　　　　　　　　　B．错误

63．未经办理动火审批手续，可以先进行焊割和生火作业后去办理。（　　）
A．正确　　　　　　　　　　　　B．错误

64．当非承重外墙采用不燃烧体时，其耐火极限不应低于0.25h。（　　）
A．正确　　　　　　　　　　　　B．错误

65．建筑物的耐火能力取决于建筑构件的耐火性能，它是以耐火极限来衡量的。（　　）
A．正确　　　　　　　　　　　　B．错误

66．建筑施工中发生火灾和爆炸事故，主要发生在储存、运输及施工（加工）过程中。（　　）
A．正确　　　　　　　　　　　　B．错误

67．在高处实施电焊、气割作业时，对作业的周围和下方无需设防护遮挡。（　　）
A．正确　　　　　　　　　　　　B．错误

68．在建筑施工过程中，引起火灾爆炸的点火源主要有明火、电火花和电焊、气焊和气割的焊渣。（　　）
A．正确　　　　　　　　　　　　B．错误

69. 施工中必须严禁擅用明火,施工现场要严禁吸烟,严格禁止擅自运用各种形式的明火。( )
    A．正确　　　　　　　　　　　　B．错误

70. 《中华人民共和国消防法》(2008)规定,消火栓周围 3m 以内,禁止车辆通行,并设有明显的标志。( )
    A．正确　　　　　　　　　　　　B．错误

71. 可利用碘钨灯等高温灯具作为取暖或烘烤材料。( )
    A．正确　　　　　　　　　　　　B．错误

72. 预防电气火灾,要注意电气设备的电动机应做到一机一闸。( )
    A．正确　　　　　　　　　　　　B．错误

73. 《中华人民共和国消防法》(2008)规定在库内作业的电瓶车、叉车要有防止打滑的安全装置。( )
    A．正确　　　　　　　　　　　　B．错误

74. 在对化学危险品的作业中要防止震动、撞击、重压、摩擦和倒置,并不得在库内从事分装作业。( )
    A．正确　　　　　　　　　　　　B．错误

75. 对规模较大、性质重要的库区、库房、储罐,应有针对性的防火、防静电措施。( )
    A．正确　　　　　　　　　　　　B．错误

76. 扑灭电气火灾要使用绝缘性能良好的灭火剂,如干粉灭火器、二氧化碳灭火器、"1211"灭火器。( )
    A．正确　　　　　　　　　　　　B．错误

77. 乙炔发生器着火,首先要关闭出气管阀门,使电石与水脱离接触。( )
    A．正确　　　　　　　　　　　　B．错误

78. 手工电弧焊应注意在潮湿地带操作时,要戴绝缘手套。( )
    A．正确　　　　　　　　　　　　B．错误

79. 乙炔发生器不能放在电线下,应将乙炔发生器放在楼上而人在楼下操作。( )
    A．正确　　　　　　　　　　　　B．错误

80. 易燃露天仓库四周内应有消防通道,通道上禁止堆放障碍物。( )
    A．正确　　　　　　　　　　　　B．错误

81. 可燃材料堆场及其加工场、固定动火作业场与在建工程的防火间距不应大于 10m。( )
    A．正确　　　　　　　　　　　　B．错误

82. 建筑高度大于 24m 的在建工程，应设置环形消防车道。（   ）
   A．正确   B．错误

83. JGJ/T 188—2009《施工现场临时建筑物技术规范》要求施工工地上临时宿舍、办公用房的建筑材料要采用 A 级不燃材料。（   ）
   A．正确   B．错误

84. 既有建筑进行扩建、改建施工时，必须明确划分施工区和非施工区。施工区不得营业、使用和居住。（   ）
   A．正确   B．错误

85. 外脚手架搭设不应影响安全疏散、消防车正常通行及灭火救援操作；外脚手架搭设长度不应超过该建筑物外立面边长的二分之一。（   ）
   A．正确   B．错误

86. 高层建筑、既有建筑改造工程的外脚手架、支模架的架体，应采用难燃材料搭设。（   ）
   A．正确   B．错误

87. 建筑高度大于 24m，或单体体积超过 30000m³ 的在建工程，应设置临时室内消防给水系统。（   ）
   A．正确   B．错误

88. 施工作业安排时，宜将动火作业安排在使用可燃建筑材料的施工作业前进行。（   ）
   A．正确   B．错误

89. 甲类厂房与明火或散发火花地点之间的防火间距不应大于 30.0m。（   ）
   A．正确   B．错误

90. 一级动火作业应由（   ）填写动火申请表和编制安全技术措施方案，报公司安全部门审查批准后，方可动火。
   A．工地负责人   B．施工人员   C．所在班组   D．所在单位负责人

91. （   ）的高层建筑施工现场，应设置具有足够扬程的高压水泵或其他防火设备和设施。
   A．20m 以上   B．24m 以上   C．30m 以上   D．34m 以上

92. 焊工的动火证只限（   ）使用。
   A．当日本人   B．当日施工人员   C．当日当班焊工人员

93. 焊、割作业点与氧气瓶和乙炔发生器等危险物品的距离不得少于（   ）。
   A．2m   B．5m   C．8m   D．10m

94. 焊、割作业点与易燃易爆物品的距离不得（   ）。
   A．少于 20m   B．少于 30m   C．少于 40m   D．少于 50m

95. 一般场所开关箱中漏电保护器，其额定漏电动作电流不小于 30mA。（   ）

A．正确　　　　　　　　　　　　B．错误

96．易燃露天仓库四周，应有不小于6m（　　），通道上禁止堆放障碍物。
A．施工通道　　　B．消防通道　　　C．防火场所

97．易燃仓库的用电管理：安装的开关箱、接线盒，应距离易燃物（　　），不准乱拉临时电气线路。
A．不大于1.0m　　B．不小于1.0m　　C．不大于1.5m　　D．不小于1.5m

98．施工现场防火要求：乙炔发生器和氧气瓶的存放之间的距离（　　），使用时两者的距离（　　）。正确的是（　　）。
A．不得少于1m，不得少于4m　　　B．不得大于1m，不得大于4m
C．不得少于2m，不得少于5m　　　D．不得大于2m，不得大于5m

99．二级动火作业由所在工地负责人填写动火申请表和编制安全技术措施方案，报（　　）审查批准后，方可动火。
A．本主管部门　　B．公司安全部门　　C．所在班组

100．一级动火作业应由所在单位负责人填写动火申请表和编制安全技术措施方案，报公司安全部门审查批准后，方可动火。（　　）
A．正确　　　　　　　　　　　　B．错误

101．焊工的动火证只限当日本人使用。（　　）
A．正确　　　　　　　　　　　　B．错误

102．焊、割作业点与易燃易爆物品的距离不得少于20m。（　　）
A．正确　　　　　　　　　　　　B．错误

103．施工现场到处可以看到易燃物，如油毡、水泥、石膏，给消防带来隐患。（　　）
A．正确　　　　　　　　　　　　B．错误

104．为防止火势蔓延，易燃、易爆物之间应保持一定的安全距离。（　　）
A．正确　　　　　　　　　　　　B．错误

105．施工现场重点防范的地方，用火要专人看管，用火和焊接过程中应随时检查，操作完毕，对用火和焊接地点进行仔细检查后方能离开。（　　）
A．正确　　　　　　　　　　　　B．错误

106．在具有一定危险因素的非禁火区域内进行临时焊、割作业要实施一级动火。（　　）
A．正确　　　　　　　　　　　　B．错误

107．易燃库内一般不宜安装配电箱，但可以用大瓦灯泡照明。（　　）
A．正确　　　　　　　　　　　　B．错误

108．加强电气线路和设备运行情况的巡视和检查，尤其是大电流通过的接头处，可用变色

漆或示温蜡片等观察、监视。（　　）
A．正确　　　　　　　　　　　B．错误

109. 燃烧起火有一定的条件，即（　　）相互作用，就会燃烧起来。
A．可燃物质、火源　　　　　　B．可燃物质、助燃物质、火源
C．可燃物质、助燃物质、火源

110. （　　）是我国消防工作的方针。
A．"消防为主，预防结合"　　　B．"预防和消防相结合"
C．"预防为主，消防结合"

111. 建筑构件和建筑材料的防火性能与建筑构件的（　　）和建筑材料的燃烧性能密切相关。
A．耐火性能　　B．燃烧极限　　C．耐火极限

112. 建筑构件和建筑材料的防火性能与建筑构件的耐火极限和建筑材料的（　　）密切相关。
A．燃烧性能　　B．耐火性能　　C．燃烧极限

113. 我国将建筑构件按其燃烧性能划分为三类：（　　）。
A．不燃烧体、难燃烧体、燃烧体　　B．不燃烧体、易燃烧体、燃烧体
C．不燃烧体、难燃烧体、易燃烧体

114. 施工现场各种易燃、易爆物品和压缩气体应设专用仓库，（　　）。
A．一起妥善存放　　　　　　　B．分区、分类隔离存放
C．在仓库里分类存放

115. 存放生石灰的附近不要堆放（　　）。
A．难燃物　　B．可燃物　　C．任何物品

116. 高压线两侧水平距离（　　），禁止存放易燃、可燃材料。
A．9m以内　　B．8m以内　　C．7m以内　　D．6m以内

117. 高压线两侧水平距离6m以内，禁止存放（　　）。
A．易燃、可燃材料　　　　　　B．建筑材料
C．任何物品

118. 气罐库如果与厨房或其他房屋毗连，应设（　　）。
A．防火沟　　B．防火标志　　C．防火隔墙

119. 各种易燃建筑内安装电器应符合（　　）。
A．施工规定　　B．设计规定　　C．防火规定

120. 各种易燃建筑内安装电器应符合防火规定，电器设备应与易燃墙壁保持（　　）的距离。

A．10cm B．20cm C．30cm D．40cm

121．施工现场重点防范的对象有（　　）等。
A．变电室、易燃易爆物品的临时仓库、各种电器设备
B．变电室、临时仓库、各种电器设备
C．控制室、易燃易爆物品的临时仓库、各种电器设备

122．禁火区域内，油箱、油槽车以及储存过可燃气体、易燃液体的容器及其连接在一起的辅助设备处（　　）。
A．不能进行砌筑施工　　　　　　　B．不能进行一切施工
C．不能进行焊、割施工

123．施工材料的存放和保管应符合防火安全要求，库房应用（　　）搭建。
A．难燃料材料　　B．非燃料材料　　C．易燃料材料

124．GB 50016—2006《建筑设计防火规范》规定：在库内作业的电瓶车、叉车要有（　　）的安全装置。
A．防止熄火　　B．防止打火　　C．防止打滑

125．在对化学危险品的作业中要防止（　　），并不得在库内从事分装作业。
A．震动、散落、重压、暴露和倒置　　B．散落、撞击、暴露、摩擦和倒置
C．震动、撞击、重压、摩擦和倒置

126．易燃、易爆、化学危险品库区和库房所使用的电气应符合（　　）。
A．防爆要求　　B．防火要求　　C．防外泄要求

127．对规模较大、性质重要的库区、库房、储罐，应有针对性的（　　）。
A．防火、防静电措施　　　　　　　B．防雷、防静电措施
C．防雷、防火措施

128．库房内严禁（　　）。
A．吸烟、用电　　B．用电、用火　　C．吸烟、用火

129．建筑施工现场消防措施，施工现场消防车道，其宽度应不小于（　　）。
A．3.5m　　B．4.5m　　C．5.5m　　D．6.5m

130．当施工现场消防车道的宽度仅能供一辆汽车通行时，应在适当地点修建（　　）。
A．停车场　　B．回转车场　　C．临时修车场

131．施工现场要有足够的消防水源，地下有自来水管网的工地，应设（　　）。
A．临时或永久消防器材　　　　　　B．临时或永久消防管道
C．临时或永久消防人员

132．正在施工的高层建筑，要安装（　　）。
A．高压水泵　　B．临时水泵　　C．永久水源

133. 正在施工的高层建筑,每层设置（　　）的消火栓,配置水龙带。
    A．半径为 60mm   B．直径为 60mm
    C．半径为 70mm   D．直径为 70mm

134. 地下没有自来水管的工地,工程面积 5000m² 以下时,必须建造至少保持（　　）储水量的储水池。
    A．30t   B．40t   C．50t   D．60t

135. 地下没有自来水管的工地,工程面积（　　）时,必须建造至少保持 40t 储水量的储水池。
    A．7000m² 以下   B．6000m² 以下   C．5000m² 以下   D．4000m² 以下

136. 地下没有自来水管的工地,面积在 5000~10000m²,必须建造储水量不小于（　　）的储水池。
    A．60t   B．70t   C．80t   D．90t

137. 地下没有自来水管的工地,面积在（　　）,必须建造储水量不小于 80t 的储水池。
    A．5000~10000m²   B．6000~11000m²
    C．5000~12000m²   D．6000~12000m²

138. 地下没有自来水管的工地,面积在 5000~10000m²,必须建造储水量不小于 80t 的储水池,10000m² 以上,每增（　　）递增 40t。
    A．100m²   B．1000m²   C．10000m²   D．100000m²

139. 地下没有自来水管的工地,面积在 5000~10000m²,必须建造储水量不小于 80t 的储水池,10000m² 以上,每增 10000m² 递增（　　）。
    A．30t   B．40t   C．50t   D．60t

140. 根据施工现场的面积大小和建筑物的分布情况设置一定数量的消火栓,施工现场的室外消火栓直径统一为 70mm,设在（　　）。
    A．水源附近   B．工地临时住宿及办公附近
    C．易燃的工棚、仓库及拟建工程附近   D．工地配电房附近

141. GB 50016—2014《建筑设计防火规范》规定:消火栓可沿道路设置,距拟建房屋（　　）,距路边不大于 2m。
    A．不大于 5m   B．不小于 5m   C．不大于 6m   D．不小于 6m

142. GB 50016—2014《建筑设计防火规范》规定:消火栓可沿道路设置,距拟建房屋不大于 5m,距路边（　　）。
    A．不大于 2m   B．不小于 2m   C．不大于 3m   D．不小于 3m

143. GB 50016—2014《建筑设计防火规范》规定:消火栓的间距不应（　　）,每座消火栓的服务半径控制为 50m。

A．大于 50m   B．小于 50m   C．大于 100m   D．小于 100m

144．甲类厂房与明火或散发火花地点之间的防火间距不应（   ）。
   A．小于 30.0m   B．大于 30.0m   C．小于 50.0m   D．大于 30.0m

145．GB 50016—2014《建筑设计防火规范》规定：消火栓的间距不应大于 100m，每座消火栓的服务半径控制为（   ）。
   A．20m   B．30m   C．40m   D．50m

146．GB 50016—2014《建筑设计防火规范》规定：消火栓周围（   ），禁止堆物、堆料，并设有明显的标志。
   A．3m 以外   B．3m 以内   C．4m 以外   D．4m 以内

147．GB 50016—2014《建筑设计防火规范》规定：消火栓周围 3m 以内，禁止（   ），并设有明显的标志。
   A．堆物、堆料   B．外人出入   C．车辆通行   D．施工

148．GB 50016—2014《建筑设计防火规范》规定：消火栓周围 3m 以内，禁止堆物、堆料，并设有（   ）。
   A．明显的护栏   B．明显的红灯   C．明显的标志

149．电气火灾的预防，下面哪句话是错的？（   ）
   A．根据不同环境的要求，正确设计和选择导线截面、设备的保护装置，严禁线路长期在超过负荷条件下工作。
   B．加强电气线路和设备运行情况的巡视和检查，尤其是大电流通过的接头处，可用变色漆或示温蜡片等观察、监视，如发现接头松动或过热，就应及时处理。
   C．电气设备如变压器、电动机等，应按规定选择熔丝及保护装置，电动机应做到一机一闸，功率大于 1kW 的电动机应有热继电器作为过载保护。
   D．可利用碘钨灯等高温灯具作为取暖或烘烤材料。

150．预防电气火灾，要注意电气设备的电动机应做到（   ）。
   A．一机一闸   B．两机一闸   C．一机两闸   D．三机两闸

151．预防电气火灾，要密切注视运行中变压器的负荷电流及上层油温，变压器油温（   ），发现变压器过热，应及时处理。
   A．不得超过 50℃   B．不得超过 80℃
   C．不得超过 60℃   D．不得超过 90℃

152．扑灭电气火灾首先要切断电源，切断电源时要戴（   ）。
   A．绝缘手套   B．手套   C．安全帽   D．安全口罩

153．扑灭电气火灾要使用绝缘性能良好的灭火剂，如（   ）等。
   A．干粉灭火器、二氧化碳灭火器、喷射水流
   B．干粉灭火器、二氧化碳灭火器、"1211"灭火器

C．喷射水流、泡沫灭火器、二氧化碳灭火器
D．泡沫灭火器、二氧化碳灭火器、"1211"灭火器

154．扑灭电气火灾严禁用导电的灭火剂进行喷射，下面哪个属于导电灭火剂？（   ）
A．"1211"灭火器   B．泡沫灭火器
C．二氧化碳灭火器   D．干粉灭火器

155．使用二氧化碳灭火器时，人应站在（   ）。
A．上风位   B．下风位   C．无一定位置

156．乙炔发生器着火，首先要（   ），使电石与水脱离接触。
A．关闭出气管阀门   B．关闭电闸
C．绝缘器材绝缘   D．用干粉灭火器

157．焊、割现场必须配备足够能力的灭火器材，在操作场地（   ）不应存放易燃易爆物品。
A．10m 以外   B．10m 以内   C．20m 以内   D．20m 以外

158．严禁在有火灾、爆炸危险的场所进行（   ）。
A．绑、扎作业   B．焊、割作业   C．喷漆作业   D．木工作业

159．手工电弧焊时应注意在潮湿地带操作时，要穿（   ）。
A．绝缘鞋   B．绝缘手套   C．安全帽   D．安全口罩

160．手工电弧焊时应注意焊接有色金属时，要加强（   ）。
A．辐射热措施   B．摩擦打火   C．隔光措施   D．通风排毒

161．根据气焊、气割安全要求，下面哪句话是错的？（   ）
A．乙炔发生器不能放在电线下，应将乙炔发生器放在楼上而人在楼下操作。
B．焊枪、割枪的火嘴外套螺扣要严密，以防发生回火。
C．严禁在内存压力或有易燃、易爆等介质的容器、管道上进行作业。
D．工作前应检查所有设备，氧气瓶、乙炔发生器及橡胶软管的接头、阀门及固件应紧固牢靠，不准有松动、破坏和漏气现象。

162．施工工地所用氧气瓶应注意安全：氧气瓶距离明火应（   ），与乙炔瓶工作间距不得小于5m。
A．3m 以外   B．5m 以外   C．8m 以外   D．10m 以外

163．施工工地所用氧气瓶应注意安全：氧气瓶距离明火应 10m 以外，与乙炔瓶工作间距应（   ）。
A．不大于3m   B．不小于3m   C．不大于5m   D．不小于5m

164．易燃露天仓库四周内应有（   ）的平坦空地作为消防通道。
A．不小于6m   B．不小于5m   C．不小于4m   D．不小于3m

165. 易燃露天仓库四周内应有消防通道，通道上禁止（　　）。
    A．非工作人员通过　　　　　　　B．堆放障碍物
    C．非消防车辆出入　　　　　　　D．任何人及车辆出入

166. 施工现场仓库的防火注意事项：对易引起火灾的仓库，应将库房内、外按每（　　）的区域分段设立防火墙。
    A．500m^2　　B．600m^2　　C．700m^2　　D．800m^2

167. 施工现场仓库的防火注意事项：仓库或堆料场所使用的照明灯与易燃堆垛间至少应保持（　　）。
    A．100mm 的距离　　　　　　　B．500mm 的距离
    C．800mm 的距离　　　　　　　D．1m 的距离

168. 各种易燃建筑内安装电器应符合防火规定，电器设备应与易燃墙壁保持（　　）的距离。
    A．20cm　　B．15cm　　C．10cm　　D．5cm

169. 建筑施工现场防火措施之一：对于临时进行焊、割的部分或场所，应实行三级动火审批制度，以下哪个属于一级动火？（　　）
    A．不固定的，没有明显危险因素的场所，必须临时进行动火焊、割
    B．具有一定危险因素的非禁火区域内进行临时焊、割作业
    C．比较密封的室内、容器内，地下室的场所
    D．小型的油箱、油桶等容器

170. 一般场所开关箱中漏电保护器，其额定漏电动作电流为（　　）。
    A．10mA　　B．20mA　　C．不小于 30mA　　D．不大于 30mA

171. 施工现场动火证由（　　）部门审批。
    A．公司安全科　　　　　　　　　B．项目技术负责人
    C．项目负责人　　　　　　　　　D．安全员

172. 一般临时设施的（　　）为重点防火部位，应当配备两个 10L 的灭火机。
    A．配电室、动火处　　　　　　　B．食堂、澡堂
    C．澡堂、宿舍　　　　　　　　　D．宿舍、食堂

173. 高压线下，两侧（　　）m 以内不得安装打桩机。
    A．3　　B．5　　C．10　　D．20

174. 易燃易爆危险品库房与在建工程的防火间距不应（　　）。
    A．大于 15m　　B．小于 15m　　C．大于 25m　　D．小于 25m

175. 可燃材料堆场及其加工场、固定动火作业场与在建工程的防火间距不应（　　）。
    A．小于 10m　　B．大于 10m　　C．小于 5m　　D．大于 5m

176. 其他临时用房、临时设施与在建工程的防火间距不应（　　）。
   A．小于 4m   B．小于 5m   C．小于 6m   D．小于 7m

177. 建筑高度大于 24m 的在建工程，应（　　）。
   A．设置环形消防车道   B．利用外围道路设置消防车道
   C．设置防车道

178. 单体占地面积（　　）的在建工程，应设置环形消防车道。
   A．小于 3000m²   B．大于 3000m²
   C．小于 2000m²   D．大于 2000m²

179. 规范要求施工工地上临时宿舍、办公用房的建筑材料要采用（　　）。
   A．B 级难燃材料   B．A 级难燃材料
   C．B 级不燃材料   D．A 级不燃材料

180. 既有建筑进行扩建、改建施工时，必须明确划分施工区和非施工区，非施工区营业、使用和居住时，施工区和非施工区之间应采用不开设门、窗、洞口的耐火极限不低于（　　）进行防火分隔。
   A．3.0h 的不燃烧体隔墙   B．3.0h 的难燃烧体隔墙
   C．2.0h 的不燃烧体隔墙   D．2.0h 的难燃烧体隔墙

181. 既有建筑进行扩建、改建施工时，必须明确划分施工区和非施工区。施工区（　　）。
   A．可以临时作为营业、使用和居住场所
   B．不得营业、使用和居住
   C．不得作为营业但可以临时居住场所
   D．不得居住但可以作为临时营业场所

182. 外脚手架搭设不应影响安全疏散、消防车正常通行及灭火救援操作；外脚手架搭设长度不应超过该建筑物外立面（　　）。
   A．边长的二分之一   B．边长的三分之一
   C．周长的二分之一   D．周长的三分之一

183. 高层建筑、既有建筑改造工程的外脚手架、支模架的架体，应采用（　　）搭设。
   A．难燃材料   B．易燃材料   C．不燃材料   D．燃烧材料

184. 临时用房的建筑面积之和（　　），应设置临时室外消防给水系统。
   A．大于 1000m²   B．小于 1000m²   C．大于 2000m²   D．小于 2000m²

185. 在建工程单体体积（　　）时，应设置临时室外消防给水系统。
   A．小于 10000m³   B．大于 10000m³   C．小于 20000m³   D．大于 20000m³

186. 当施工现场处于市政消火栓（　　）保护范围内且市政消火栓的数量满足室外消防用水量要求时，可不设置临时室外消防给水系统。
   A．150m   B．200m   C．250m   D．300m

187. 建筑高度大于 24m，或单体体积超过 30000m³ 的在建工程，应设置（　　）。
    A．临时室外消防给水系统　　　　　B．临时室内消防防火系统
    C．临时室内消防给水系统　　　　　D．临时室内消防水幕

188. 消防给水系统的设计要求：每层设消火栓接口和消防软管接口。接口的间距（　　）。
    A．可超过 50m　　　　　　　　　　B．不超过 50m
    C．可超过 60m　　　　　　　　　　D．不超过 60m

189. 施工现场的消防安全管理应由（　　）负责。
    A．安全部门　　B．设计单位　　C．施工单位　　D．投资部门

190. 用于在建工程的保温、防水、装饰及防腐等材料的燃烧性能等级，应符合（　　）。
    A．设计要求　　B．施工要求　　C．材料要求

191. 施工作业安排时，宜将动火作业安排在使用可燃建筑材料的施工（　　）。
    A．作业前进行　　B．作业后进行　　C．作业同时进行

192. 甲类厂房与重要公共建筑之间的防火间距不应（　　）。
    A．大于 30.0m　　B．小于 30.0m　　C．小于 50.0m　　D．大于 50.0m

193. 易燃、易爆、化学危险品库区和库房所使用的电气应符合防爆要求。（　　）
    A．正确　　　　　　　　　　　　　B．错误

194. 各类用电设备或电动工具必须按规定每（　　）年一次进行定期绝缘电阻的测试，并做好记录，与其他各类电气维修记录一并存档备查。
    A．半　　　　　B．一　　　　　C．二

195. 室内照明开关距地高度为（　　），与出、入口的水平距离为（　　）。
    A．1m；0.15～0.20m　　　　　　　B．1.3m；0.15～0.20m
    C．1.2m；0.1～0.20m

196. 电力为（　　）的自力发电机组的排烟管道必须伸出室外。发电机组及其控制配电室严禁存放贮油桶。
    A．400/250V　　B．100/250V　　C．400/220V

197. 旋转臂架式起重机的任何部位和吊物边缘与（　　）以下的架空线路边线最小水平距离不得小于 2m。
    A．10kV　　　　B．30kV　　　　C．100kV

198. 电缆穿越建筑物、构筑物、道路、易受机械损伤的场所及引出地面从（　　）高度至地下处，必须加设防护套管。
    A．0.5m　　　　B．1m　　　　　C．0.2m

199. 在潮湿和易触及带电体场所的照明电源电压不得大于（　　）。
    A．36V　　　　B．10V　　　　C．24V

200. 在特别潮湿的场所、导电良好的地面、锅炉或金属容器内工作的照明电源电压不得大于（　　）。

　　A．10V　　　　　　B．12V　　　　　　C．24V

201. 使用于潮湿和有腐蚀介质场所的漏电保护器应采用防溅型产品。其额定漏电动作电流应不大于（　　），额定漏电动作时间应小于0.1s。

　　A．10mA　　　　　B．15mA　　　　　C．20mA

202. 需要夜间工作的塔式起重机，应设置正对工作面的投光灯。塔身高于（　　）时，应在塔顶和臂架端部装设防撞红色信号灯。

　　A．50m　　　　　　B．30m　　　　　　C．25m

203. 开关箱内的漏电保护器的额定漏电动作电流应不大于（　　）。

　　A．30mA　　　　　B．28mA　　　　　C．10mA

204. 橡皮电缆的最大弧垂距地不得小于（　　）。

　　A．2.5m　　　　　B．1m　　　　　　　C．4m

205. 交流弧焊机变压器的一次侧电源线长度应不大于5m，进线处必须设防护罩，二次线的长度应不大于（　　）m。

　　A．5　　　　　　　B．10　　　　　　　C．30

206. I类手持电动工具使用时，除了做保护接零和穿戴绝缘用品外，还须经二级漏电保护，其末级漏电保护器的额定动作电流应不大于（　　）。

　　A．15MA/0.1s　　　B．30MA/0.1s　　　C．50MA/0.1s

207. 某工地《建设工程工地卫生检查评分表》检查总得分为86分时，该工地的卫生被评等级为（　　）。

　　A．合格　　　　　　B．优良　　　　　　C．基本优良

208. 发现火险（　　）。

　　A．赶快拨打119电话

　　B．火势不大时先报告领导，再进行补救

　　C．火势较大无力扑救时，应立即拨打119电话

209. 开关箱周围不准堆放杂物，与被控制的固定电气设备水平距离不超过（　　），以便发生故障时及时切断电源。

　　A．3m　　　　　　　B．3.5m　　　　　　C．4m

210. 开关箱内电器临时发生断线或保险丝断丝，（　　）。

　　A．可以由班组人员自行接线

　　B．先接上线使用，再去找电工检查

　　C．不准自己接线，由电工查找原因后再接线

211. 高处作业吊篮安全锁的检测报告有效期为（　　）年。
 A. 1　　　　　　B. 2　　　　　　C. 3

212. 施工外用电梯上的安全限速器，应按规定每（　　）年校验一次，上述检验资料应齐全，存档备查。
 A. 1　　　　　　B. 2　　　　　　C. 3

213. 保护零线的截面，应不小于工作零线的截面，同时必须满足机械强度要求，保护零线架空敷设时，间距大于12m时，保护零线选择必须不小于（　　）mm² 绝缘铜线。
 A. 2.5　　　　　B. 4　　　　　　C. 10

214. 电焊机的电箱应使用自动开关，不准使用（　　）。
 A. 手动开关　　　B. 空气开关　　　C. 铁壳开关

215. 有关防火间距的说明，下列描述中正确的是（　　）。
 A. 在两栋临时用房相邻有较高的一面墙时，其防火间距可以不做要求
 B. 防火间距是指两建筑物中心点之间的间距。
 C. 不包括易燃易爆危险品及固定动火作业场的其他临时用房、临时设施与在建工程的防火间距不应小于 6m
 D. 办公用房、宿舍与发电机房、交配电房的防火间距不应小于 4m

216. 有关临时消防车道的设置，下列描述中正确的是（　　）。
 A. 临时消防车道与在建工程、临时用房、可燃材料堆场及其加工场的距离不宜小于 4m，且不宜大于 40m
 B. 临时消防车道可以设置为环形来弥补不能设置复数以上不同方向的出入口
 C. 临时消防车道的净宽度和净空高度均不应小于 5m
 D. 临时消防车道的左侧应设置消防车行进路线指示标识

217. 下列哪些情况在设置环形车道有困难时，设置回车场后，不用考虑设置消防救援场地（　　）。
 A. 建筑高度大于 25m 的在建工程
 B. 单体占地面积 3500m² 的在建工程
 C. 8 栋成组布置的临时用房
 D. 单体占地面积大于 4000m² 的在建工程

218. 有关临时消防救援场地的设置描述错误的是（　　）。
 A. 临时消防救援场地应在在建工程装饰装修阶段设置
 B. 临时消防救援场地应设置在成组布置的临时用房场地的长边一侧及在建工程的长边一侧
 C. 临时救援场地宽度应满足消防车正常操作要求，且不应小于 6m
 D. 临时救援场地与在建工程外脚手架的净距不宜小于 2m，且不宜超过 8m

219. 有关建筑防火相关规定的说明，下列描述错误的是（　　）。

A．临时用房和在建工程应采取可靠的防火分隔和安全疏散等防火技术措施
B．在建工程防火设计应根据材料性质、建筑高度、建筑规模及结构特点等情况进行确定
C．临时用房的防火设计应根据其使用性质及火灾危险性等情况进行确定
D．建筑构件的燃烧性能等级应为 A 级

220．已知某工厂全年度约有半个月吹东风，半年都吹西北风，一个季度吹西风，剩下时间吹东南风，那么已知锅炉房的位置，从下列选项中选出最适合布置物料房的位置（   ）。
A．物料房应该在锅炉房的东边
B．物料房应该在锅炉房的西北边
C．物料房应该在锅炉房的西边
D．物料房应该在锅炉房的东南边

221．有关宿舍、办公用房的防火设计说明，正确的是（   ）。
A．建筑构件燃烧性能必须为 A 级，当存在金属夹芯板才时，其夹芯燃烧性能可不做考虑
B．建筑层数可以为 3 层，每层面积可以为 300m²
C．单面布置用房时，疏散走道的净宽度不应小于 1.0m，双面布置用房时，疏散通道不小于 1.5m
D．隔墙应从楼地面基层隔断至横梁底面

222．有关防火设计要求中，临时用房之间可组合建造的描述中，错误的是（   ）。
A．发电机房、变配电房可组合建造
B．厨房操作间、锅炉房可组合建造
C．餐厅与办公用房或宿舍可组合建造
D．办公用房与厨房操作间可组合建造

223．有关临时疏散通道的描述中错误的是（   ）。
A．设置在地面上的临时疏散通道，其净宽度不应小于 1.5m
B．临时疏散通道无论如何禁止使用爬梯
C．临时疏散通道的侧面为临空面时，应沿临空面设置高度不小于 1.2m 的防护栏杆
D．临时疏散通道设置在脚手架上时，脚手架应采用不燃材料搭设

224．有关安全网、脚手架、支模架必须使用不燃或难燃材料的前提条件，描述不正确的是（   ）。
A．高层建筑脚手架及安全网
B．既有建筑改造工程的脚手架及安全网
C．临时疏散通道的安全防护网
D．垂直高度为 4m 的满堂架脚手架

225．有关临时室内消防给水系统的设置说明，错误的是（   ）。
A．临时室外消防给水干管的管径，应根据施工现场临时消防用水量和干管内水流计算速度计算确定，且不应小于 DN100

B. 给水管网宜布置成环状
C. 室外消火栓与在建工程、临时用房和可燃材料堆场及其加工场的外边线的距离不应小于15m
D. 消火栓的最大保护半径不应大于150m。

226. 下列不在规范中明文要求但在《消防安全管理制度》应包含内容的是（   ）。
    A. 消防安全教育与培训制度、可燃及易燃易爆危险品管理制度
    B. 用火、用电、用气管理制度
    C. 消防安全检查制度
    D. 施工现场重大火灾危险源辨识

227. 下列不在规范中明文要求《施工现场防火技术方案》应包含的内容的是（   ）。
    A. 施工现场防火技术措施
    B. 应急预案演练制度
    C. 临时消防设施和消防警示标识布置图
    D. 临时消防设施、临时疏散设施配备

228. 有关现场施工用火正确的是（   ）。
    A. 动火作业应办理动火许可证，动火作业证签发人收到动火申请后，应签字给与申请人，以便动火作业持证动火
    B. 动火作业前应清理可燃物，对于无法清理的可燃物可安排监护人员监护，指示动火作业人员小心火屑等高温物体掉落
    C. 动火作业应配备灭火器材，并应设置动火监护人进行现场协助，共同完成动火作业
    D. 八级大风时，有可靠挡风措施，可以继续焊接、切割等室外动火作业

229. 现场施工用火错误的是（   ）。
    A. 施工现场动火作业，在具备可靠防火措施准备后，并遵守相关制度前提下，均可动火作业
    B. 动火作业后，应对现场进行检查，并应在确认无火灾危险后，动火操作人员再离开
    C. 具有火灾、爆炸危险的场所严禁明火，其他施工现场严禁明火取暖
    D. 动火作业许可证的签署检查项中，应核实审批动火作业证审批人的相关证件，确保审批人具备动火作业资格

230. 施工现场用气安全说明错误的是（   ）。
    A. 气瓶应保持直立状态，并采取防倾倒措施，乙炔瓶严禁横躺卧放
    B. 气瓶应远离火源，与火源的距离不应小于10m，并应采取避免高温和防止曝晒的措施
    C. 燃气储装瓶罐应设置防静电装置
    D. 由于气瓶有防震圈，可以在运输过程中采用滚动的方式搬运气瓶

231. 施工现场厨房与办公用房的防火间距应为（   ）。
    A. 4m   B. 5m   C. 7m   D. 10m

232. 临时消防车道的净宽度和净空高度均不应小于（   ）。
    A. 3m   B. 4m   C. 5m   D. 6m

233. 临时救援场地宽度应满足消防车正常操作要求，其宽度不应小于（   ）。
    A. 5m   B. 6m   C. 7m   D. 8m

234. 固定动火作业场单具灭火器最小灭火级别为（   ）。
    A. 3A；55B   B. 2A；88B   C. 3A；89B   D. 1A；88B

235. 发电机房、变配电房固体火灾与液气体灭火器最大保护距离分别为（   ）。
    A. 15m；6m   B. 15m；9m   C. 20m；12m   D. 25m；12m

236. 一般多层建筑中，消火栓或软管接口的间距不应大于（   ）。
    A. 60m   B. 80m   C. 50m   D. 30m

237. 在高层建筑中设加压水泵后，其中转水池有效容积不应小于（   ）m^3。
    A. 5   B. 8   C. 10   D. 12

238. 消防给水系统与生活给水系统合并时，生活用水转为消防用水紧急阀门数量应（   ）。
    A. 至少为2个   B. 不少于1个   C. 最多为1个   D. 不多于2个

239. 某工地单日进场230m^3的可燃材料，下列放置方式符合规范要求的是（   ）。
    A. 可存放进库房，但单库房面积不超过40m^2，并按要求划好安全距离
    B. 可露天存放，可分成5垛，4垛为45m^2，1垛为50m^2，且各垛防火间距不小于2m
    C. 可露天存放，可分成5垛均分堆放，垛与垛最小防火间距不得小于7m
    D. 可露天存放，可分成4垛，且各垛防火间距不小于2m

240. 普通灯具与易燃物距离不应小于（   ）m。
    A. 500   B. 400   C. 300   D. 200

241. 高层建筑、公共娱乐场所、百货商场等在进行室内装修时应采用的装修材料是：（   ）。
    A. 可燃材料   B. 难燃材料和不燃材料
    C. 易燃材料   D. 钢筋混凝土

242. 大型油罐应设置（   ）自动灭火系统。
    A. 泡沫灭火系统   B. 二氧化碳灭火系统
    C. 卤代烷灭火系统   D. 喷淋灭火系统

243. 由于行为人的过失引起火灾，造成严重后果的行为，构成（   ）。
    A. 纵火罪   B. 失火罪   C. 玩忽职守罪 D. 重大责任事故罪

244. 用灭火器进行灭火的最佳位置是（   ）。
    A. 下风位置   B. 上风或侧风位置
    C. 离起火点10m以上的位置   D. 离起火点10m以下的位置

245. 检查液化石油气管道或阀门泄漏的正确方法是：（　　）。
    A．用鼻子嗅　　　B．用火试　　　C．用肥皂水涂抹　　　D．用试剂试

246. 火灾扑灭后，起火单位应（　　）。
    A．速到现场抢救物资　　　　　　B．尽快抢修设施争取复产
    C．予以保护现场　　　　　　　　D．拨打119

247. 临时消防系统应当设置火灾事故应急照明灯，照明供电时间不得少于（　　）min。
    A．30　　　　　　B．45　　　　　　C．60　　　　　　D．15

248. 烟头中心温度可达（　　）℃，它超过了棉、麻、毛织物、纸张、家具等可燃物的燃点。若乱扔烟头接触到这些可燃物，容易引发火灾。
    A．50～100　　　B．100～200　　　C．300～400　　　D．700～800

249. 气瓶与火源的距离不应小于（　　）m，并应采取避免高温和防止曝晒的措施。
    A．5　　　　　　B．6　　　　　　C．8　　　　　　D．10

250. 调配和（　　）过程中，会挥发出易燃气体且易因动火作业火星、静电火花引起爆炸和火灾事故。
    A．安装木龙，粉刷腻子　　　　　B．电焊作业
    C．气焊作业　　　　　　　　　　D．喷刷稀释油漆

251. 施工现场出入口的设置应不宜少于（　　）个。
    A．1　　　　　　B．2　　　　　　C．3　　　　　　D．4

252. 施工现场火灾次数可按（　　）次同时发生考虑。
    A．1　　　　　　B．2　　　　　　C．3　　　　　　D．4

253. 临时室外消防给水主干管的管径不应小于DN（　　）。
    A．50　　　　　　B．100　　　　　　C．125　　　　　　D．150

254. 《建设工程安全生产管理条例》规定，施工单位的主要负责人、项目负责人、专职安全生产管理人员应当经（　　）考核合格后方可任职。
    A．建设部
    B．建设行政主管部门或者其他有关部门
    C．安全生产综合管理部门
    D．劳动和社会保障部门

255. 下列关于建筑施工现场食堂的叙述，不正确的一项是（　　）。
    A．食堂应当选择在通风、干燥、清洁的位置，离厕所、垃圾站等场所等污染源25m以外
    B．食堂制作间灶台及其周边应贴瓷砖，瓷砖的高度不宜小于1.5m
    C．食堂应设置独立的制作间、储藏间
    D．食堂的燃气罐应单独设置存放间，存放间应通风良好并严禁存放其他物品

256. 临时用房、临时设施的布置满足现场防火、灭火及人员安全疏散的要求是施工现场防火工作的基本条件。（ ）
   A．正确　　　　　　　　　　　　B．错误

257. 施工现场发生火灾后，应以扑灭初期火灾为首要任务，以保护人身安全为主要任务。（ ）
   A．正确　　　　　　　　　　　　B．错误

258. 临时设施与临时用房的布置是制约现场防火工作的客观条件。（ ）
   A．正确　　　　　　　　　　　　B．错误

259. 可燃材料堆场及其加工场应布置在固定动火作业场的最小频率风向的上风侧。（ ）
   A．正确　　　　　　　　　　　　B．错误

260. 易燃易爆危险品库房应远离明火作业区、人员密集区，与在建建筑物成组分布。（ ）
   A．正确　　　　　　　　　　　　B．错误

261. 可燃材料堆场及其加工场、易燃易爆危险品库房不应布置在架空电力线下。（ ）
   A．正确　　　　　　　　　　　　B．错误

262. 易燃易爆危险品库房与在建工程的防火间距不应小于15m，其他临时用房、临时设施与在建工程的防火间距不应小于10m。（ ）
   A．正确　　　　　　　　　　　　B．错误

263. 宿舍、办公用房建筑构件的燃烧性能等级应为A级。当采用金属夹芯板材时，其芯材的燃烧性能等级应为A级。（ ）
   A．正确　　　　　　　　　　　　B．错误

264. 施工现场临时用房概念涵盖施工现场已经具备使用条件的永久性建筑。（ ）
   A．正确　　　　　　　　　　　　B．错误

265. 可燃材料库房单个房间的建筑面积不应超过30m²，易燃易爆危险品库房单个房间的建筑面积不应超过20m²。（ ）
   A．正确　　　　　　　　　　　　B．错误

266. 临时疏散通道耐火极限不应低于0.5h，为坡道且坡度大于25°时，应修建楼梯或台阶踏步或设置防滑条。（ ）
   A．正确　　　　　　　　　　　　B．错误

267. 既有建筑进行扩建、改建施工时，必须明确划分施工区和非施工区。施工区可根据实际需要营业，但必须采取有效防护措施。（ ）
   A．正确　　　　　　　　　　　　B．错误

268. 临时疏散通道的安全防护网应采用阻燃性安全防护网。（ ）
   A．正确　　　　　　　　　　　　B．错误

269. 作业场所应设置明显的疏散指示标志,其指示方向应指向最近的临时疏散通道入口。( )
    A. 正确 B. 错误

270. 施工现场,临时消防设施指灭火器、消防用水系统等扑灭施工现场火灾的消防设施。( )
    A. 正确 B. 错误

271. 施工现场的消火栓泵应采用专用消防配电线路且由现场总配电箱的总断路器控制。( )
    A. 正确 B. 错误

272. 灭火器上描述的灭火类型字母代码,A指固体火灾,B指液体火灾。( )
    A. 正确 B. 错误

273. 灭火器的最低配置标准中要求,办公用房及宿舍的单具灭火器最小灭火级别应该是1A。( )
    A. 正确 B. 错误

274. 临时消防用水量应为临时室外消防用水量与临时室内消防用水量之和。( )
    A. 正确 B. 错误

275. 临时室外消防用水量应按临时用房和在建工程的临时室外消防用水量的较大者确定。( )
    A. 正确 B. 错误

276. 某建筑高度为25m,根据《建筑工程现场消防安全技术规范》要求,可不设置临时室内消防给水系统。( )
    A. 正确 B. 错误

277. 消火栓的最大保护半径不大于150m,间距亦不应大于150m。( )
    A. 正确 B. 错误

278. 施工现场的消防安全管理应由建设单位负责。( )
    A. 正确 B. 错误

279. 施工现场的消防安全管理人员应向施工人员进行消防安全教育和培训。( )
    A. 正确 B. 错误

280. 施工现场的消防安全管理人员应向作业人员进行消防安全技术交底。( )
    A. 正确 B. 错误

281. 施工产生的可燃、易燃建筑垃圾或余料,可堆积起来等每月月末定期清理。( )
    A. 正确 B. 错误

282. 六级(含六级)以上风力时，应停止焊接、切割等室外动火作业。（　）
 A．正确　　　　　　　　　　　　B．错误

283. 普通灯具与易燃物的距离不宜小于 200mm，聚光灯、碘钨灯等高热灯具与易燃物的距离不宜小于 400mm。（　）
 A．正确　　　　　　　　　　　　B．错误

284. 储装气体的气瓶应保持直立状态，并采取防倾倒措施，乙炔瓶严禁横躺卧放。（　）
 A．正确　　　　　　　　　　　　B．错误

285. 气瓶应分类储存，库房内应通风良好；空瓶和实瓶同库存放时，应分开放置，空瓶和实瓶的间距不应小于1.5m。（　）
 A．正确　　　　　　　　　　　　B．错误

286. 在建工程可利用已具备使用条件的永久性消防设施作为临时消防设施。（　）
 A．正确　　　　　　　　　　　　B．错误

287. 临时用房建筑层数不超过 4 层，每层面积不大于 300m² 是符合防火设计要求的。（　）
 A．正确　　　　　　　　　　　　B．错误

288. 临时动火作业点的灭火器最低配置标准单具灭火器最小灭火级别应该是 2A 及 55B。（　）
 A．正确　　　　　　　　　　　　B．错误

289. 消防水源可采用市政给水管网或天然水源。（　）
 A．正确　　　　　　　　　　　　B．错误

290. 实行施工总承包时施工现场的消防安全管理应由总承包单位负责，分包单位应向总承包单位负责。（　）
 A．正确　　　　　　　　　　　　B．错误

291. 室内使用油漆及其有机溶剂、乙二胺、冷底子油等易挥发产生易燃气体的物资作业时，应保持良好通风，作业场所严禁明火，并应避免产生静电。（　）
 A．正确　　　　　　　　　　　　B．错误

292. 动火许可证的签发人收到动火申请后在相关项签好字，便可允许动火作业。（　）
 A．正确　　　　　　　　　　　　B．错误

293. 焊接、切割、烘烤或加热等动火作业前，应对作业现场的可燃物进行清理。（　）
 A．正确　　　　　　　　　　　　B．错误

294. 动火作业时，对于确实无法移动的可燃物可采用不燃材料对其覆盖或隔离，而后在施工作业。（　）
 A．正确　　　　　　　　　　　　B．错误

295. 宿舍生活区,可以在电器电线上悬挂物品。(　　)
　　A. 正确　　　　　　　　　　　B. 错误

296. 氧气瓶内剩余气体的压力不应小于 0.1MPa。(　　)
　　A. 正确　　　　　　　　　　　B. 错误

297. 泡沫灭火器能用于电器火灾灭火。(　　)
　　A. 正确　　　　　　　　　　　B. 错误

298. 物质的燃点越低、越不容易引起火灾。(　　)
　　A. 正确　　　　　　　　　　　B. 错误

299. 凡是设有仓库或生产车间的建筑内,不得设职工集体宿舍。(　　)
　　A. 正确　　　　　　　　　　　B. 错误

300. 可燃气体与空气形成混合物遇到明火就会发生爆炸。(　　)
　　A. 正确　　　　　　　　　　　B. 错误

301. 火场上扑救原则是先人后物、先重点后一般、先控制后消灭。(　　)
　　A. 正确　　　　　　　　　　　B. 错误

302. 凡是能引起可燃物着火或爆炸的热源统称为点火源。(　　)
　　A. 正确　　　　　　　　　　　B. 错误

303. 使用过的油棉纱、油手套等沾油纤维物品以及可燃包装,应放在安全地点,且定期处理。(　　)
　　A. 正确　　　　　　　　　　　B. 错误

304. 发现火灾时,单位或个人应该先自救,如果自救无效,火越着越大时,再拨打火警电话119。(　　)
　　A. 正确　　　　　　　　　　　B. 错误

305. 二氧化碳灭火器可以扑救钾、钠、镁金属火灾。(　　)
　　A. 正确　　　　　　　　　　　B. 错误

306. 泡沫灭火器能长期放置在高温地方。(　　)
　　A. 正确　　　　　　　　　　　B. 错误

307. 一氧化碳的爆炸极限是 12.5%～74.5%,也就是说,一氧化碳在空气中的浓度小于 12.5%时,遇明火时,这种混合物也不会爆炸。(　　)
　　A. 正确　　　　　　　　　　　B. 错误

308. 安装在爆炸危险场所的灯具应是防爆型的。(　　)
　　A. 正确　　　　　　　　　　　B. 错误

309. 用水直接喷射燃烧物进行灭火,属于冷却法灭火。(　　)

A．正确 B．错误

310. 发生火灾后，为尽快恢复生产，减少损失，受灾单位或个人不必经任何部门同意，可以清理或变动火灾现场。（　　）

   A．正确 B．错误

311. 在特殊情况下，单位和个人可以挪用、拆除、埋压、圈占消火栓，临时占用消防通道。（　　）

   A．正确 B．错误

312. 易燃易爆工厂、仓库内一律为禁火区。各禁火区应设禁火标志。（　　）

   A．正确 B．错误

313. "ABC干粉灭火器"的意思是能灭A类、B类和C类火灾。（　　）

   A．正确 B．错误

第十章 拆 除 工 程

1. 根据拆除的施动力不同,拆除工程可分为人工拆除、机械拆除与爆破拆除。（　　）
   A．正确　　　　　　　　　　　　　　B．错误

2. 拆除工程的特点：①拆除工期长,流动性短；②安全隐患多,危险性大；③施工人员整体素质不高。（　　）
   A．正确　　　　　　　　　　　　　　B．错误

3. 机械拆除方法对需要部分保留的建筑物必须先用人工分离后,方可拆除计划拆除的建筑物。（　　）
   A．正确　　　　　　　　　　　　　　B．错误

4. 机械拆除方法适用的范围度是：用于拆除混合结构、框架结构、板式结构等高度不超过 30m 的建筑物、构筑物及各类基础和地下构筑物。（　　）
   A．正确　　　　　　　　　　　　　　B．错误

5. 控制爆破法是通过严格控制火力能量和火力规模,将爆破的声音、振动、破坏区域及破碎物的坍塌范围控制在规定的限度内。（　　）
   A．正确　　　　　　　　　　　　　　B．错误

6. 控制爆破法必须在建筑物就地倒塌后再用机械和人工清理破碎物。（　　）
   A．正确　　　　　　　　　　　　　　B．错误

7. 机械拆除方法使施工人员无需进行有损建筑物整体结构和稳定性的操作,人身安全最有保障。（　　）
   A．正确　　　　　　　　　　　　　　B．错误

8. 控制爆破法对周围环境要求较高,对临近交通要道、保护性建筑、公共场所、过路管线的建（构）筑物必须作特殊防护后方可实施爆破。（　　）
   A．正确　　　　　　　　　　　　　　B．错误

9. 控制爆破拆除方法的关键在于爆破能量的控制,因此需要工程技术人员进行认真的设计和准确的计算。（　　）
   A．正确　　　　　　　　　　　　　　B．错误

10. 《建筑拆除工程安全技术规范》明确规定拆除高耸的水塔、烟囱等构筑物,不应采用推倒法。（　　）
    A．正确　　　　　　　　　　　　　　B．错误

11. 非破坏性拆除原则上按原施工顺序进行。（　　）

  A．正确   B．错误

12. 非破坏性拆除原则先将电线、上下水、暖气、煤气等管道拆除，再拆除门窗、栏杆等，而后自上而下分层进行主体拆除。（ ）
  A．正确   B．错误

13. 人工拆除法适用于拆除轻屋盖的仓库、围墙、砖木结构、混合结构的低层建（构）筑物的分离和部分保留拆除项目。（ ）
  A．正确   B．错误

14. 非破坏性拆除承重结构应该楼板、主梁、次梁、柱的顺序拆除。（ ）
  A．正确   B．错误

15. 机械吊拆法主要应用于装配式建筑物的拆除。（ ）
  A．正确   B．错误

16. 机械吊拆法当风速达到 11m/s 或以下时，应停止吊拆。（ ）
  A．正确   B．错误

17. 机械吊拆法雨雪天气原则上可以进行吊拆。（ ）
  A．正确   B．错误

18. 没有计划的倒塌伤害是拆除工程中的危险因素之一。（ ）
  A．正确   B．错误

19. 多跨连续拱，如先拆除其中一跨就会引起其他跨连续性的倒塌。（ ）
  A．正确   B．错误

20. 拆除作业的脚手架或操作平台可以依附于被拆建筑物上。（ ）
  A．正确   B．错误

21. 拆除作业开始前，应先将通往被拆除建筑物中的电源、天然气（煤气）管道、供热管道等支线切断或者迁移，不得冒险作业。（ ）
  A．正确   B．错误

22. 拆除的建筑物内有机械设备不能转移时，应事先搭好坚固的防护棚，然后才能进行上部的拆除。（ ）
  A．正确   B．错误

23. 拆除工程应设置信号，有专人监护，并在周围设置围栏，夜间应挂警示标志。（ ）
  A．正确   B．错误

24. 拆除过程中，需用带照明的电动机械时，可以使用被拆除建筑中的电气线路。（ ）
  A．正确   B．错误

25. 在用火焰切割法拆除存放过易燃易爆物的容器时，应确保容器内的残存物质不处于爆

炸极限，方可动火。（　　）
  A．正确　　　　　　　　　　　B．错误

26．高处拆除施工的原则是按建筑物建设时的顺序进行。（　　）
  A．正确　　　　　　　　　　　B．错误

27．高处拆除施工应先拆高处，后拆低处；先拆非承重构件，后拆承重构件。（　　）
  A．正确　　　　　　　　　　　B．错误

28．高处拆除施工屋架上的屋面板拆除，应由跨两端向中间对称进行。（　　）
  A．正确　　　　　　　　　　　B．错误

29．高处拆除顺序应按施工组织设计要求由下到上逐层进行。（　　）
  A．正确　　　　　　　　　　　B．错误

30．高处拆除施工不得数层同时进行交叉拆除。（　　）
  A．正确　　　　　　　　　　　B．错误

31．高处拆除中每班作业休息前，应拆除至结构的稳定部位。（　　）
  A．正确　　　　　　　　　　　B．错误

32．高处拆除石棉瓦等轻型屋面工程时，可以临时踩在石棉瓦上操作。（　　）
  A．正确　　　　　　　　　　　B．错误

33．高处拆除时楼板上不得有多人聚集，材料和被拆除的构件可以在楼板上堆放。（　　）
  A．正确　　　　　　　　　　　B．错误

34．高处拆除时拆除的较大或较重的构件应使用吊绳或起重机吊下，严禁向下抛弃。（　　）
  A．正确　　　　　　　　　　　B．错误

35．爆破作业应由经专门培训考核取得相应资格证书的人员进行。（　　）
  A．正确　　　　　　　　　　　B．错误

36．拆除爆破作业应有施工人员在场，并对炮孔逐个验收以及设专人检查装药作业。（　　）
  A．正确　　　　　　　　　　　B．错误

37．当采用电力起爆网路或导爆管起爆网路时，手持式或其他移动式通信设备进入爆区前应先关闭。（　　）
  A．正确　　　　　　　　　　　B．错误

38．拆除工程施工前，必须进行安全技术措施审查和备案管理。（　　）
  A．正确　　　　　　　　　　　B．错误

39．建设单位应当在拆除工程施工一个工作日内，将有关资料报送建设工程所在地的县级以上地方人民政府建设行政主管部门或者其他有关部门备案。（　　）
  A．正确　　　　　　　　　　　B．错误

40. 建设单位应当在拆除工程施工15日前，将有关资料报送建设工程所属单位备案。（　　）
    A．正确　　　　　　　　　　　　B．错误

41. 拆除工程施工前，切断被拆除建筑的水、电、煤气等管道，疏通运输道路，清除倒塌范围内的物体等。（　　）
    A．正确　　　　　　　　　　　　B．错误

42. 拆除工程施工前，检查周围危房，必要时进行临时加固。（　　）
    A．正确　　　　　　　　　　　　B．错误

43. 拆除工程施工组织设计（方案）经参与拆除活动的各方共同讨论，由建筑设计单位负责编制的。（　　）
    A．正确　　　　　　　　　　　　B．错误

44. 拆除规模很小的建筑物，可以无需制定被拆除工程的施工组织设计（含安全技术措施方案）。（　　）
    A．正确　　　　　　　　　　　　B．错误

45. 采用爆破拆除方法时，必须经过严格计算来选择炸药的种类、药量和安防位置，同时要使用合格的起爆器材。（　　）
    A．正确　　　　　　　　　　　　B．错误

46. 采用人工拆除或起重机配合拆除时，要设计供工人站立和独立的脚手架和操作平台，它必须不受建筑物被拆除时的影响。（　　）
    A．正确　　　　　　　　　　　　B．错误

47. 指定拆除废料堆放位置，及时运走，不得将废料乱堆乱放，可以靠墙临时堆放。（　　）
    A．正确　　　　　　　　　　　　B．错误

48. 在没有临时支撑的情况下，不拆除有平衡作用的建筑结构。（　　）
    A．正确　　　　　　　　　　　　B．错误

49. 承受有侧向力的墙体，由于上面的垂直荷载对结构有稳定作用，所以无需加支撑就可拆除其上的结构。（　　）
    A．正确　　　　　　　　　　　　B．错误

50. 建（构）筑物拆除施工时施工人员可以用大锤猛击墙体。（　　）
    A．正确　　　　　　　　　　　　B．错误

51. 可以站立在被拆除的建筑物或结构上进行拆除作业。（　　）
    A．正确　　　　　　　　　　　　B．错误

52. 可以站在砖墙顶上或横梁上进行拆除工作。（　　）
    A．正确　　　　　　　　　　　　B．错误

53. 建（构）筑物拆除前应清除破碎玻璃、砖块或金属尖锐物。（　　）

A．正确 B．错误

54．在城市里建（构）筑物采用控制爆破拆除方法时，还应经当地公安部门审批认可。（ ）
A．正确 B．错误

55．拆除高层建筑、码头、桥梁或有毒有害、易燃易爆等有其他特殊安全要求的，宜通过专家论证审查后实施。（ ）
A．正确 B．错误

56．拆除建筑物和构筑物前应将所有结构支撑好。（ ）
A．正确 B．错误

57．建筑物在没有临时支撑的情况下，可以先拆除有平衡作用的建筑结构。（ ）
A．正确 B．错误

58．建筑物或构筑物拆除施工前，先清理需要拆除部分范围内的物资、设备。（ ）
A．正确 B．错误

59．在拆除危险区周围设禁区围栏、警戒标志，派专人监护。（ ）
A．正确 B．错误

60．对于生产、使用、储存化学危险品的建筑物的拆除，要经过建筑物所属单位参与审核。（ ）
A．正确 B．错误

61．建（构）筑物拆除现场照明可以使用被拆建筑物内的配电设施。（ ）
A．正确 B．错误

62．拆除建筑物的隔墙、楼梯和窗户等，应该和整体程度相配合，不能逆序拆除。（ ）
A．正确 B．错误

63．拆除楼梯装修层时，可以使用大锤或风镐进行作业。（ ）
A．正确 B．错误

64．层楼梯面层未拆除前，决不允许进行下节楼梯面层的拆除。（ ）
A．正确 B．错误

65．拆除作业时任何无关人员不得进入拆除的警戒范围，在被拆工程内和可能波及的危险区域内不得有人员居住和歇息。（ ）
A．正确 B．错误

66．对于拆除生产、使用、储存危险物品场所用料、器材、设备，可以与一般物料一起存放。（ ）
A．正确 B．错误

67．拆除工程施工区应设置硬质围挡，围挡高度不应低于1m。（ ）

A．正确 B．错误

68．当临街的被拆除建筑与交通道路的安全距离不能满足要求时，必须采取相应的安全隔离措施。（ ）
A．正确 B．错误

69．在拆除工程作业中，发现不明物体，应停止施工，采取相应的应急措施，就地解决。（ ）
A．正确 B．错误

70．当采用手动工具进行人工拆除建筑时，施工程序应从下至上，分层拆除。（ ）
A．正确 B．错误

71．人工拆除施工应分段进行，可以垂直交叉作业。（ ）
A．正确 B．错误

72．拆除建筑的栏杆、楼梯、楼板等构件，应与建筑结构整体拆除进度相配合，不得先行拆除。（ ）
A．正确 B．错误

73．拆除横梁时，应确保其下落有效控制时，方可切断两端的钢筋，逐端缓慢放下。（ ）
A．正确 B．错误

74．人工拆除建筑墙体时，可以采用掏掘或推倒的方法。（ ）
A．正确 B．错误

75．拆除柱子时，应沿柱子底部剔凿出钢筋，使用手动倒链定向牵引，采用气焊切割柱子三面钢筋，保留牵引方向正面的钢筋。（ ）
A．正确 B．错误

76．对地下的各类管线，施工单位应在地面上设置明显标志。对检查井、污水井应采取相应的保护措施。（ ）
A．正确 B．错误

77．建筑的承重梁、柱，应在其所承载的全部构件拆除前进行拆除。（ ）
A．正确 B．错误

78．当采用机械拆除建筑时，应先拆除承重结构，再拆除非承重结构。（ ）
A．正确 B．错误

79．对只进行部分拆除的建筑，必须先将保留部分加固，再进行分离拆除。（ ）
A．正确 B．错误

80．机械拆除时，严禁超载作业或任意扩大使用范围，供机械设备使用的场地必须保证足够的承载力。（ ）
A．正确 B．错误

81. 当进行高处拆除作业时,对较大尺寸的构件或沉重的材料,必须采用起重机具及时吊下。（   ）
    A．正确   B．错误

82. 拆除框架结构建筑,必须按楼板、主梁、次梁、柱子的顺序进行施工。（   ）
    A．正确   B．错误

83. 桥梁、钢屋架拆除应最后拆除桥面的附属设施及挂件、护栏。（   ）
    A．正确   B．错误

84. 采用双机抬吊作业时,应对第一吊进行试吊作业,作业过程中必须保持两台起重机同步作业。（   ）
    A．正确   B．错误

85. 拆除钢屋架时,必须采用绳索将其拴牢,待起重机吊稳后,方可进行气焊切割作业。（   ）
    A．正确   B．错误

86. 爆破拆除所采用的爆破器材,必须向当地有关部门申请《爆破物品购买证》,到指定的供应点购买；或通过赠送、转让、转卖、转借来获得爆破器材。（   ）
    A．正确   B．错误

87. 建筑爆破拆除施工时,应对爆破部位进行覆盖和遮挡防护,覆盖材料和遮挡设施应牢固可靠。（   ）
    A．正确   B．错误

88. 爆破拆除起爆网路应采用电力起爆网路和电导爆管起爆网路。（   ）
    A．正确   B．错误

89. 爆破拆除工程不得采用导爆索网路或导火索起爆方法。（   ）
    A．正确   B．错误

90. 非电导爆管起爆应采用复式分叉封闭网路。（   ）
    A．正确   B．错误

91. 爆破拆除工程应按设计确定的安全距离设置警戒。（   ）
    A．正确   B．错误

92. 静力破碎方法适用于建筑基础或局部块体的拆除。（   ）
    A．正确   B．错误

93. 采用静力破碎作业时,灌浆人员必须戴防护口罩和防护眼镜。（   ）
    A．正确   B．错误

94. 采用静力破碎作业时,孔内注入破碎剂后,严禁非工作人员在注孔区行走,并应保持一定的安全距离。（   ）
    A．正确   B．错误

95. 静力破碎作业时，在相邻的两孔之间，严禁钻孔与注入破碎剂施工同步进行。（　　）
   A．正确　　　　　　　　　　　　B．错误

96. 拆除施工采用的脚手架、安全网，必须由专业人员搭设。（　　）
   A．正确　　　　　　　　　　　　B．错误

97. 拆除施工必须立体交叉作业。（　　）
   A．正确　　　　　　　　　　　　B．错误

98. 拆除和被拆除建筑面积大于 $1000m^2$ 的拆除工程，应编制安全技术方案。（　　）
   A．正确　　　　　　　　　　　　B．错误

99. 拆除施工过程中，如需变更安全施工组织设计或方案，应经原审批人批准，方可实施。（　　）
   A．正确　　　　　　　　　　　　B．错误

100. 项目经理部应设专职或兼职安全员，检查落实各项安全技术措施。（　　）
   A．正确　　　　　　　　　　　　B．错误

101. 凡在 2m 及以下高处作业无可靠防护设施时，必须使用安全带。（　　）
   A．正确　　　　　　　　　　　　B．错误

102. 施工现场应设置消防车道，并应保持畅通。（　　）
   A．正确　　　　　　　　　　　　B．错误

103. 当日拆除施工结束后，所有机械设备应停放在被拆除建筑的地方。（　　）
   A．正确　　　　　　　　　　　　B．错误

104. 施工期间的临时设施，应与被拆除建筑保持一定的安全距离。（　　）
   A．正确　　　　　　　　　　　　B．错误

105. 拆除工程施工前，必须对施工作业人员进行书面安全技术交底。（　　）
   A．正确　　　　　　　　　　　　B．错误

106. 电动机械和电动工具必须装设套管，其保护零线的电气连接应符合要求。（　　）
   A．正确　　　　　　　　　　　　B．错误

107. 拆除建筑时，当遇有易燃、可燃物及保温材料时，严禁明火作业。（　　）
   A．正确　　　　　　　　　　　　B．错误

108. 在恶劣的气候条件下，可以进行矮小建筑拆除作业。（　　）
   A．正确　　　　　　　　　　　　B．错误

109. 施工单位必须依据拆除工程安全施工组织设计或方案，划定危险区域。（　　）
   A．正确　　　　　　　　　　　　B．错误

110. 当采用机械拆除建筑时，应从下至上整体进行。（　　）

A．正确 B．错误

111． 拆除工程的特点是（　　）。
　　A．①拆除工期短，流动性大；②安全隐患多，危险性大；③施工人员整体素质不高
　　B．①拆除工期短，流动性大；②施工人员整体素质不高；③整体造价高
　　C．①安全隐患多，危险性大；②拆除工期短，流动性大；③整体造价高

112． 根据拆除的施动力不同，拆除工程可分为（　　）。
　　A．人工拆除、机械拆除与爆破拆除
　　B．破坏性拆除、非破坏性拆除
　　C．人工拆除、破坏性拆除和非破坏性拆除

113． 破坏性拆除是指（　　）。
　　A．拆除下来的建筑构件可以再次利用的拆除方法
　　B．拆除下来的建筑构件不再利用的拆除方法
　　C．拆除下来的建筑构件不再利用的拆除方法

114． 拆除烟囱、水塔多用（　　）。
　　A．非破坏性拆除　　B．破坏性拆除　　C．强制拆除

115． 施工人员无需直接接触拆除点，无需高空作业，危险性小，是哪种拆除方法的特点？
　　（　　）
　　A．爆破拆除　　B．人工拆除　　C．机械拆除

116． 对需要部分保留的建筑物必须先用（　　）后，方可拆除计划拆除的建筑物。
　　A．人工分离　　B．机械拆除　　C．爆破拆除

117． 机械拆除作业时扬尘较大，必须采取（　　）。
　　A．湿作业法　　B．干作业法　　C．混合作业法

118． 一般爆破施工方法有以下三种：（　　）。
　　A．钻孔控制爆破技术、定时爆破技术、燃烧剂破碎技术
　　B．定时爆破技术、水压爆破技术、燃烧剂破碎技术
　　C．钻孔控制爆破技术、水压爆破技术、燃烧剂破碎技术

119． 控制爆破拆除方法的关键在于（　　）。
　　A．燃烧能量的控制　　　　　　　B．爆破能量的控制
　　C．爆破技术的控制

120． 爆破拆除对周围环境要求（　　）。
　　A．不高　　　　B．低　　　　C．较高

121． 在临近交通要道的地方进行爆破拆除时，对邻近的建（构）筑物必须作（　　）可实施爆破。

A．特殊防护后　　B．拉线隔离后　　C．防护网后

122. 国外称为静态解体法的是（　　）。
    A．机械拆除　　B．膨胀破碎拆除　　C．人工拆除

123. 对于高耸的水塔，我国明确规定拆除此建筑物不应采用（　　）。
    A．爆破拆除　　B．机械拆除　　C．推倒法

124. 对于烟囱等构筑物，我国明确规定拆除此建筑物不应采用（　　）。
    A．爆破拆除　　B．机械拆除　　C．推倒法

125. 对于较低的建筑物和构筑物，常采用（　　）。
    A．推倒法　　B．机械拆除　　C．爆破拆除

126. 非破坏性拆除原则上先将电线、上下水、暖气、煤气等管道拆除，再（　　）。
    A．拆除外墙　　　　　　B．拆除门窗、栏杆等
    C．拆除楼板等

127. 机械吊拆法主要应用于（　　）的拆除。
    A．装配式建筑物　　B．现浇式建筑物　　C．预制式建筑物

128. 高处拆除施工的原则是（　　）。
    A．先拆非承重构件，后拆承重构件　　B．先拆承重构件，后拆非承重构件
    C．非承重构件和承重构件同时进行

129. 高处拆除顺序应按（　　）要求由上到下逐层进行。
    A．建筑设计要求　　　　　　B．原施工的顺序要求
    C．施工组织设计要求

130. 高处拆除（　　）。
    A．不得数层同时进行交叉拆除　　B．可以数层同时进行交叉拆除
    C．可以两层进行交叉拆除

131. 高处拆除中每班作业休息前，应拆除至（　　）。
    A．结构的稳定部位　　　　　　B．窗下墙部位
    C．墙体中间部位

132. 高处拆除时拆除的散料应（　　）。
    A．向下抛弃　　　　　　B．从设置的溜槽中滑落
    C．传递下去

133. 拆除爆破作业应有（　　）在场，并对炮孔逐个验收。
    A．点炮人员　　B．施工人员　　C．设计人员

134. 当采用电力起爆网络或导爆管起爆网络时，手持式或其他移动式通信设备进入爆区前

( )。

A．应先待机 B．应先关闭 C．应先静音

135．依据《建设工程安全生产管理条例》第十一条的规定，建设单位应当在拆除工程施工（　　），将有关资料报送建设工程所在地的县级以上地方人民政府建设行政主管部门或者其他有关部门备案。

A．7日前 B．10日前 C．15日前

136．拆除作业前，必须由（　　）编制被拆除工程的施工组织设计（含安全技术措施方案）即便是拆除规模很小的建筑物也应注意这一点。

A．有经验的工程技术人员 B．有经验的拆除人员
C．有经验的施工人员

137．拆除作业（　　）在砖墙顶上或横梁上工作。

A．可以站立 B．不得站立 C．可以临时站立

138．拆除临近地下构筑物及影响面大的煤气管道，上、下水管道，重要电缆、电信网等。要通过（　　）后实施。

A．专家论证审查 B．甲方审查 C．施工方审查

139．（　　）用于拆除混合结构、框架结构、板式结构等高度不超过30m的建筑物、构筑物及各类基础和地下构筑物。

A．机械拆除 B．控制爆破 C．人工拆除

140．非破坏性拆除原则上按（　　）进行。

A．原建筑本体重要性顺序 B．原施工顺序反向
C．原施工顺序

141．非破坏性拆除原则上先拆（　　）。

A．电线、上下水、暖气、煤气等管道
B．门窗、栏杆等
C．墙体、楼板等主体拆除

142．拱形结构，先拆除（　　），就会造成拱结构的整体坍塌。

A．承受压力的楼板 B．抵抗横向推力拉杆
C．承受自重的墙体

143．对于生产、使用、储存化学危险品的建筑物的拆除，要经过（　　）参与审核，制定保证安全的预案，经过批准后实施。

A．质检、安全部门 B．消防、质检部门
C．消防、安全部门

144．拆除工程现场准备时要（　　），避免拆除时的砂、石、灰尘飞扬影响生产的正常进行。

A．搭设临时脚手架　　　　　　　B．搭设临时防护设施
C．搭设临时水平安全网

145．高空作业必须系安全带，安全带应（　　），挂点牢靠。
A．高挂低用　　　B．就近挂好　　　C．水平挂置

146．拆除建筑物一般不采用（　　）。
A．机械拆除法　　　B．推倒拆除法　　　C．控制爆破法拆除法

147．拆除工程施工区应设置（　　），高度不应低于1.8m，非施工人员不得进入施工区。
A．硬质围挡　　　B．临时栏杆　　　C．隔离线

148．当采用手动工具进行人工拆除建筑时，拆除施工应分段进行，（　　）。
A．必须垂直交叉作业　　　　　　　B．不得垂直交叉作业
C．不得水平交叉作业

149．人工拆除建筑墙体时，（　　）的方法。
A．可以采用掏掘或推倒　　　　　　B．不得采用掏掘或推倒
C．可以采用掏掘但不得采用推倒

150．人工拆除建筑的栏杆、楼梯、楼板等构件，应与（　　）拆除进度相配合，不得先行拆除。
A．建筑结构整体　　B．建筑墙体结构　　C．建筑楼板结构

151．人工拆除建筑的承重梁、柱，应在（　　）拆除后，再进行拆除。
A．其所承载的全部构件　　　　　　B．其墙体构件
C．其所承载的楼板构件

152．人工拆除柱子时，应（　　），使用手动倒链定向牵引，采用气焊切割柱子三面钢筋，保留牵引方向正面的钢筋。
A．沿柱子中部剔凿出钢筋　　　　　B．沿柱子顶部剔凿出钢筋
C．沿柱子底部剔凿出钢筋

153．人工拆除柱子时，应沿柱子底部剔凿出钢筋，使用手动倒链定向牵引，采用（　　）柱子三面钢筋，保留牵引方向正面的钢筋。
A．小锤、小钎子剔凿　　　　　　　B．气焊切割
C．电钻剔凿

154．人工拆除管道及容器时，必须（　　），采取相应措施后，方可进行拆除施工。
A．查清其残留物的种类、化学性质　　B．查清管道及容器的性质
C．查清管道及容器的大小和重量

155．对只进行部分拆除的建筑，必须（　　），再进行分离拆除。
A．先将保留部分加固　　　　　　　B．先将保留部分分割
C．先将保留部分加固

156. 机械拆除时，机械作业中（　　）。
    A．应该同时回转、行走　　　　　　B．可以偶然同时回转、行走
    C．不得同时回转、行走

157. 机械拆除当进行高处拆除作业时，对较大尺寸的构件或沉重的材料，必须采用（　　）。
    A．人工捆绑及时吊下　　　　　　　B．起重机具及时吊下
    C．封闭的垃圾道或垃圾袋吊下

158. 对烟囱、水塔类构筑物采用定向爆破拆除工程时，爆破拆除设计应控制（　　）。
    A．建筑倒塌时的触地振动　　　　　B．建筑倒塌时的占地面积
    C．建筑倒塌时的安全距离

159. 对烟囱、水塔类构筑物采用定向爆破拆除工程时，爆破拆除设计应控制建筑倒塌时的触地振动。必要时（　　）。
    A．扩大倒塌范围　　　　　　　　　B．在倒塌范围铺设缓冲材料或开挖防震沟
    C．人员远离倒塌范围

160. 建筑爆破拆除施工时，应对爆破部位进行（　　）。
    A．覆盖和遮挡防护　　　　　　　　B．搭接脚手架
    C．拉线保护

161. 非电导爆管起爆应采用（　　）。
    A．复式交叉封闭网路　　　　　　　B．双向交叉封闭网路
    C．单向分叉封闭网路

162. 爆破拆除工程（　　）导爆索网路。
    A．可以采用　　　B．不得采用　　　C．可以临时采用

163. 爆破拆除工程（　　）导火索起爆方法。
    A．可以采用　　　B．可以临时采用　　C．不得采用

164. 爆破拆除工程的实施应在当地政府主管部门领导下成立爆破指挥部，并应（　　）的安全距离设置警戒。
    A．按实际面积确定　　　　　　　　B．按建筑物确定
    C．按设计确定

165. 采用静力破碎作业时，灌浆人员必须（　　）。
    A．戴防护口罩和防护眼镜　　　　　B．戴防护口罩和戴防护手套
    C．戴防护手套和防护眼镜

166. 孔内注入破碎剂后，（　　）在注孔区行走。
    A．施工人员　　　B．严禁所有人员　　C．严禁非工作人员

167. 静力破碎作业施工时在相邻的两孔之间，（　　）同步进行。
    A．严禁钻孔与注入破碎剂施工　　B．钻孔与注入破碎剂施工可以
    C．钻孔与注入破碎剂施工分两人

168. 拆除地下构筑物时，应了解地下构筑物情况，（　　）进入构筑物的管线。
    A．切断　　　　B．分开　　　　C．保持

169. 建筑基础破碎拆除时，挖出的土方应及时运出现场或清理出工作面，在基坑边沿（　　）内严禁堆放物料。
    A．1m　　　B．2m　　　C．3m　　　D．4m

170. 拆除施工工程采用的脚手架、安全网，必须由（　　）搭设。
    A．爆破工专业人员　　　B．架子工专业人员
    C．瓦工专业人员

171. 被拆除建筑面积不大于（　　）的拆除工程，应编制安全技术方案。
    A．1000m²　　B．2000m²　　C．3000m²　　D．4000m²

172. 拆除和被拆除建筑面积（　　）1000m²的拆除工程，应编制安全施工组织设计。
    A．等于　　　B．大于　　　C．小于

173. 被拆除建筑面积（　　）1000m²的拆除工程，应编制安全技术方案。
    A．不小于　　B．不大于　　C．大于

174. （　　）必须对拆除工程的安全生产负全面领导责任。
    A．施工人员　　B．项目经理　　C．设计人员

175. 凡在2m及以上高处作业无可靠防护设施时，必须（　　）。
    A．戴安全口罩　　B．使用安全带　　C．使用防护眼镜

176. 在恶劣的气候条件下，（　　）拆除作业。
    A．可以进行　　　　B．做好安全保护后进行
    C．严禁进行

177. 当日拆除施工结束后，所有机械设备应（　　）被拆除建筑的地方。
    A．停放在远离　　B．停放在靠近　　C．停放在

178. 施工现场产生振动的电动机械和电动工具，其保护零线的连接点（　　）。
    A．不应少于2处　　B．应少于2处　　C．不应少于1处

179. 拆除建筑时，当遇有易燃、可燃物及（　　）时，严禁明火作业。
    A．防火材料　　B．保温材料　　C．防水材料

180. 拆除建筑时，遇到不明物体，（　　）。
    A．运行至远处处理　　　　B．就地处理
    C．妥善保护，上报有关部门

181. 进入施工现场的人员，必须（　　）。
    A．佩戴安全带　　　B．佩戴安全帽　　　C．佩戴防护口罩

182. 拆除工程施工过程中，当发生重大险情或生产安全事故时，应及时排除险情问题、组织抢救，（　　）。
    A．就地将问题解决，不影响施工　　　B．尽可能内部解决
    C．保护事故现场，并向有关部门报告

183. 控制爆破拆除方法的关键在于（　　），因此需要工程技术人员进行认真的设计和准确的计算。
    A．爆破能量的控制　　　B．火力的控制
    C．燃烧剂的控制

184. 人工拆除法适用于拆除轻屋盖的仓库、围墙、砖木结构（　　）。
    A．框架结构、板式结构等高度不超过30m的建筑物
    B．高耸的水塔、烟囱等构筑物
    C．混合结构的低层建筑

185. 装配式建筑物的拆除主要应用（　　）。
    A．人工拆除法　　　B．控制爆破拆　　　C．机械吊拆法

186. 高处拆除施工应（　　）。
    A．先拆高处，后拆低处　　　B．先拆低处，后拆高处
    C．高低处交叉拆除

187. 高处拆除石棉瓦等轻型屋面工程时，（　　）踩在石棉瓦上操作。
    A．可以　　　B．可以临时　　　C．严禁

188. 不得将拆除废料乱堆乱放，（　　）靠墙堆放。
    A．可以　　　B．更不能　　　C．可以临时

189. 非破坏性拆除，主体拆除时，应（　　）。
    A．同时拆除维护结构与承重结构　　　B．先拆除承重结构，后拆除维护结构
    C．先拆除维护结构，后拆除承重结构

190. 拆除过程中，需用带照明的电动机械时，（　　）。
    A．使用被拆除建筑中的电气线路
    B．可以另设专用配电线路，也可以使用被拆除建筑中的电气线路
    C．必须另设专用配电线路，严禁使用被拆除建筑中的电气线路

191. 高处拆除施工的原则是（　　）。
    A．按建筑物建设时的顺序进行　　　B．按建筑物建设时相反的顺序进行
    C．按建筑物原施工的顺序进行

192. 高处拆除施工屋架上的屋面板拆除（　　）。
    A．应由跨中向两端对称进行　　　　B．应由跨两端向跨中间对称进行
    C．应由跨中向一端进行后，在向另一端进行

193. 机械拆除用于拆除混合结构、框架结构、板式结构等高度（　　）的建筑物、构筑物及各类基础和地下构筑物。
    A．超过 30m　　　B．不超过 30m　　　C．超过 40m　　　D．不超过 40m

194. 高耸坚固建筑物和构筑物的拆除，一般常用（　　）。
    A．推拉方法　　　　　　　　　　　B．膨胀破碎拆除法
    C．控制爆破法　　　　　　　　　　D．机械拆除

195. 非破坏性拆除原则上（　　）。
    A．先拆除门窗、栏杆等，再拆除电线、上下水、暖气、煤气等管道，而后自上而下分层进行主体拆除
    B．先自上而下分层进行主体拆除，再拆除门窗、栏杆等，而后将电线、上下水、暖气、煤气等管道拆除
    C．先将电线、上下水、暖气、煤气等管道拆除，再拆除门窗、栏杆等，而后自上而下分层进行主体拆除

196. 非破坏性拆除承重结构，拆除应该按（　　）的顺序拆除。
    A．楼板、柱、主梁、次梁　　　　　B．主梁、次梁、柱、楼板
    C．柱、主梁、次梁、楼板　　　　　D．楼板、次梁、主梁、柱

197. 当风速达到（　　）以上时，应停止机械吊拆。
    A．9m/s　　　B．10m/s　　　C．11m/s　　　D．12m/s

198. 拆除旧烟囱若采用人工拆除方法，则施工顺序为：（　　）。
    A．搭脚手架→架垂直运输设备→自上而下拆除
    B．架垂直运输设备→搭脚手架→自上而下拆除
    C．搭脚手架→架垂直运输设备→自下往上拆除

199. 人工拆除建筑物内隔墙、外围护墙，拆除顺序为：（　　）。
    A．清拆管线→拆除门窗→拆二次结构墙→凿混凝土构件→回收有价废物→弃物外运→周边维护
    B．周边维护→清拆管线→拆除门窗→拆二次结构墙→凿混凝土构件→回收有价废物→弃物外运
    C．周边维护→清拆管线→拆除门窗→凿混凝土构件→拆二次结构墙→回收有价废物→弃物外运
    D．清拆管线→拆除门窗→凿混凝土构件→拆二次结构墙→回收有价废物→弃物外运→周边维护

200. 人工与机械相结合的方法拆除屋面的拆除顺序为：（　　）。

A. 屋顶卫星电视接收装置等安置物品→屋顶防水层→屋顶保温层→屋面结构层，如此逐层往下拆

B. 屋顶卫星电视接收装置等安置物品→屋面结构层→屋顶防水层→屋顶保温层，如此逐层往下拆

C. 屋面结构层→屋顶防水层→屋顶保温层→屋顶卫星电视接收装置等安置物品，如此逐层往下拆

201. 遇到特殊情况墙体必须采用推倒拆除时，必须遵守以下规定：砍切墙根的深度（　　），墙的厚度小于两块半砖的时候，不许进行掏掘。
    A. 不能超过墙厚的 1/2　　　　　　B. 为墙厚的 1/2
    C. 不能超过墙厚的 1/3　　　　　　D. 为墙厚的 1/3

202. 遇到特殊情况墙体必须采用推到拆除时，必须遵守以下规定：砍切墙根的深度不能超过墙厚的 1/3，墙的厚度（　　）的时候，不许进行掏掘。
    A. 等于两块半砖　　　　　　　　　B. 小于两块砖
    C. 小于两块半砖　　　　　　　　　D. 等于两块砖

203. 建筑物墙体推倒前，应发出信号，待所有人员远离墙体（　　）的距离后，方可进行。
    A. 高度 1 倍以上　　　　　　　　　B. 高度 2 倍以上
    C. 高度　　　　　　　　　　　　　D. 2m

204. 拆除工程施工区应设置硬质围挡，高度（　　），非施工人员不得进入施工区。
    A. 不应低于 1.5m　　　　　　　　　B. 不应低于 1.8m
    C. 应低于或约等于 1.8m　　　　　　D. 应低于或约等于 1.5m

205. 当采用机械拆除建筑时，应（　　）进行。
    A. 从下至上、逐层、逐段　　　　　B. 从上至下、逐层、逐段
    C. 从里至外、逐段　　　　　　　　D. 从外至里、逐段

206. 机械拆框架结构建筑，必须按（　　）的顺序进行施工。
    A. 柱子、主梁、次梁、楼板　　　　B. 次梁、主梁、柱子、楼板
    C. 楼板、次梁、主梁、柱子　　　　D. 楼板、柱子、次梁、主梁

207. 桥梁、钢屋架拆除采用双机抬吊作业时，每台起重机载荷不得超过允许载荷的（　　），且应对第一吊进行试吊作业。
    A. 95%　　　B. 90%　　　C. 85%　　　D. 80%

208. 爆破拆除应采用电力起爆网路和（　　）。
    A. 导爆索网路　　　　　　　　　　B. 电力导爆管起爆网路
    C. 非电导爆管起爆网路　　　　　　D. 导火索起爆方法

209. 拆除和被拆除建筑面积大于（　　）的拆除工程，应编制安全施工组织设计。
    A. 300m²　　　B. 500m²　　　C. 1000m²　　　D. 1500m²

210. 凡在（　　）高处作业无可靠防护设施时，必须使用安全带。
    A．1m 及以上　　　B．2m 及以上　　　C．3m 及以上　　　D．4m 及以上

211. 一般爆破施工方法有以下三种：（　　）。
    A．钻孔控制爆破技术、水压爆破技术、燃烧剂破碎技术
    B．电力控制爆破技术、水压爆破技术、燃烧剂破碎技术
    C．钻孔控制爆破技术、电力爆破技术、燃烧剂破碎技术
    D．钻孔控制爆破技术、水压爆破技术、电力破碎技术

212. 破坏性拆除是指拆除下来的建筑构件可以利用的拆除方法。（　　）
    A．正确　　　　　　　　　　　　　B．错误

第十一章　建筑施工主要防护用品

1. 建筑"三宝"是建筑工人安全防护的三件宝，即安全帽、安全带、安全网。（　　）
   A．正确　　　　　　　　　　　　　B．错误

2. 建筑"三宝"是建筑工人安全防护的三件宝，即安全帽、安全带、安全手套。（　　）
   A．正确　　　　　　　　　　　　　B．错误

3. 建筑"三宝"是建筑工人安全防护的三件宝，即安全帽、安全带、安全胶鞋。（　　）
   A．正确　　　　　　　　　　　　　B．错误

4. 建筑"三宝"是建筑工人安全防护的三件宝，即安全手套、安全带、安全网。（　　）
   A．正确　　　　　　　　　　　　　B．错误

5. 建筑"三宝"是建筑工人安全防护的三件宝，即安全胶鞋、安全带、安全网。（　　）
   A．正确　　　　　　　　　　　　　B．错误

6. 建筑"三宝"是建筑工人安全防护的三件宝，即安全帽、安全网、安全防尘（毒）口罩。（　　）
   A．正确　　　　　　　　　　　　　B．错误

7. 建筑"三宝"是建筑工人安全防护的三件宝，即安全帽、安全网、安全防护眼镜。（　　）
   A．正确　　　　　　　　　　　　　B．错误

8. 劳动保护用品的发放和管理，坚持"谁用工，谁负责"的原则。（　　）
   A．正确　　　　　　　　　　　　　B．错误

9. 劳动保护用品的发放和管理，坚持"谁使用，谁购买"的原则。（　　）
   A．正确　　　　　　　　　　　　　B．错误

10. 施工作业人员所在企业必须按国家规定免费发放劳动保护用品，更换已损坏或已到使用期限的劳动保护用品，不得收取或变相收取任何费用。（　　）
    A．正确　　　　　　　　　　　　　B．错误

11. 施工作业人员所在企业必须按国家规定发放劳动保护用品，费用从使用者工资中扣除。（　　）
    A．正确　　　　　　　　　　　　　B．错误

12. 安全（绝缘）鞋、防护眼镜、防护手套、防尘（毒）口罩等不属于劳动保护用品。（　　）
    A．正确　　　　　　　　　　　　　B．错误

13. 劳动保护用品必须以实物形式发放，不得以货币或其他物品替代。（　　）

A．正确　　　　　　　　　　　　B．错误

14．劳动保护用品可以用货币或其他物品替代实物发放。（　　）
A．正确　　　　　　　　　　　　B．错误

15．企业应建立完善劳动保护用品的采购、验收、保管、发放、使用、更换、报废等规章制度。同时应建立相应的管理台账，管理台账保存期限不得少于两年，以保证劳动保护用品的质量具有可追溯性。（　　）
A．正确　　　　　　　　　　　　B．错误

16．企业应当向劳动保护用品生产厂家或供货商索要法定检验机构出具的检验报告或由供货商签字盖章的检验报告复印件，不能提供检验报告或检验报告复印件的劳动保护用品不得采购。（　　）
A．正确　　　　　　　　　　　　B．错误

17．监理单位要加强对施工现场劳动保护用品的监督检查。发现有不使用或使用不符合要求的劳动保护用品，应责令相关企业立即改正。对拒不改正的，应当向建设行政主管部门报告。（　　）
A．正确　　　　　　　　　　　　B．错误

18．安全网的作用是在高空进行建筑施工时，用来防止人、物坠落，或用来避免、减轻坠落及物击伤害的网具。（　　）
A．正确　　　　　　　　　　　　B．错误

19．安全网一般由网体、边绳、系绳等构件组成。（　　）
A．正确　　　　　　　　　　　　B．错误

20．安全网具有菱形或方形的网目，编结物相邻两个绳结之间的距离称为网目尺寸。（　　）
A．正确　　　　　　　　　　　　B．错误

21．安全网具有菱形或方形的网目，网体四周边缘上的网绳，称为边绳。（　　）
A．正确　　　　　　　　　　　　B．错误

22．安全网的尺寸（公称尺寸）即由边绳的尺寸而定。（　　）
A．正确　　　　　　　　　　　　B．错误

23．把安全网固定在支撑物上的绳，称为系绳。（　　）
A．正确　　　　　　　　　　　　B．错误

24．凡用于增加安全网强度的绳，则统称为筋绳。（　　）
A．正确　　　　　　　　　　　　B．错误

25．同一张安全网上所有的网绳，都要采用同一材料，所有材料的湿干强力比不得低于75%。（　　）
A．正确　　　　　　　　　　　　B．错误

26. 安全网不论用何种材料，每张安全平网的重量一般不宜超过 15kg，并要能承受 800N 的冲击力。（   ）
    A．正确   B．错误

27. 安全立网是指安装平面不垂直于水平面，用来防止人、物坠落，或用来避免、减轻坠落及物击伤害的安全网。（   ）
    A．正确   B．错误

28. 安全平网是指安装平面垂直于水平面，用来防止人、物坠落，或用来避免、减轻坠落及物击伤害的安全网。（   ）
    A．正确   B．错误

29. 安全平网是指安装平面不垂直于水平面，用来防止人、物坠落，或用来避免、减轻坠落及物击伤害的安全网。（   ）
    A．正确   B．错误

30. 安全立网是指安装平面垂直于水平面，用来防止人、物坠落，或用来避免、减轻坠落及物击伤害的安全网。（   ）
    A．正确   B．错误

31. 安全网标记由产品材料、产品分类及产品规格尺寸三部分组成。（   ）
    A．正确   B．错误

32. 安全网标记：产品分类以字母 P 代表平网、字母 L 代表立网。（   ）
    A．正确   B．错误

33. 安全网标记：产品规格尺寸以宽度×长度表示，单位为 m。（   ）
    A．正确   B．错误

34. 安全网标记：阻燃型网应在分类标记后加注"阻燃"字样。（   ）
    A．正确   B．错误

35. 安全网平网标记为锦纶 P—3×6，是指宽度为 3m，长度为 6m，材料为锦纶。（   ）
    A．正确   B．错误

36. 安全网立网标记为维纶 L—1.5×6 阻燃，是指宽度为 1.5m、长度为 6m、材料为维纶的阻燃型立网。（   ）
    A．正确   B．错误

37. 安全网立网不能代替平网，应根据施工需要及负载高度分清用平网还是立网。（   ）
    A．正确   B．错误

38. 安全网平网负载强度要求大于立网，所用材料较多，重量大于立网。（   ）
    A．正确   B．错误

39. 安全网平网宽度不小于 3m，立网和密目式安全网宽度不小于 1.2m。（   ）

A．正确　　　　　　　　　　　B．错误

40．安全网系绳长度不小于0.8m，安全网系绳与系绳间距不应大于0.75m。（　　）
A．正确　　　　　　　　　　　B．错误

41．密目式安全网系绳与系绳间距不应大于0.45m，安全网筋绳间距离不得太小，一般规定在0.3m以上。（　　）
A．正确　　　　　　　　　　　B．错误

42．安全网可分为手工编结和机械编结。（　　）
A．正确　　　　　　　　　　　B．错误

43．安全网一般情况，无结网结节强度高于有结网结节强度。（　　）
A．正确　　　　　　　　　　　B．错误

44．密目式安全网由网体、环扣、边绳及附加系绳构成。（　　）
A．正确　　　　　　　　　　　B．错误

45．安全网物理力学性能，是判别安全网质量优劣的主要指标。（　　）
A．正确　　　　　　　　　　　B．错误

46．安全网分为平网（P）、立网（L）、密目式安全网（ML）。（　　）
A．正确　　　　　　　　　　　B．错误

47．首层水平安全网施工时，凡高度在4m以下的建筑物，首层四周必须支撑固定3m宽的水平安全网。（　　）
A．正确　　　　　　　　　　　B．错误

48．首层水平安全网施工时，凡高度在4m以下的建筑物，首层四周必须支撑固定30m宽的水平安全网。（　　）
A．正确　　　　　　　　　　　B．错误

49．首层水平安全网施工时，斜杆应埋入土中50cm，平网应外高里低，一般以15°为宜。（　　）
A．正确　　　　　　　　　　　B．错误

50．首层水平安全网施工时，斜杆应埋入土中50mm，平网应外高里低，一般以30°为宜。（　　）
A．正确　　　　　　　　　　　B．错误

51．首层水平安全网施工时，高度超过20m的高层建筑应支撑固定为6m宽的水平安全网。（　　）
A．正确　　　　　　　　　　　B．错误

52．首层水平安全网施工时，高度超过20m的高层建筑应支撑固定为10m宽的水平安全网。（　　）

A．正确 B．错误

53．首层水平安全网施工时，网底和网周围空间可以有脚手架。（ ）
A．正确 B．错误

54．首层水平安全网施工时，水平网下可以堆放建筑材料。（ ）
A．正确 B．错误

55．首层水平安全网施工时，网的接口处连接严密，与建筑物之间的缝隙不大于 100cm。（ ）
A．正确 B．错误

56．首层水平安全网施工时，网的接口处连接严密，与建筑物之间的缝隙不大于 10cm。（ ）
A．正确 B．错误

57．水平安全网层面网施工，高层建筑每隔四层应加固一道 3m 宽的层面水平网。（ ）
A．正确 B．错误

58．水平安全网层面网施工，高层建筑每隔六层应加固一道 3m 宽的层面水平网。（ ）
A．正确 B．错误

59．水平安全网层面网施工，高层建筑每隔四层应加固一道 6m 宽的层面水平网。（ ）
A．正确 B．错误

60．水平安全网层面网施工，网的外缘一般用钢丝绳与网架绷挂。（ ）
A．正确 B．错误

61．水平安全网层面网施工，没有固定斜杆的地方可以用抱角架子支撑。（ ）
A．正确 B．错误

62．随层网是指在作业层下一步架搭设的水平安全网。（ ）
A．正确 B．错误

63．随层网是指在作业层上一步架搭设的水平安全网。（ ）
A．正确 B．错误

64．GB 5725—2009《安全网》规定，网的负载高度一般不超过 6m。（ ）
A．正确 B．错误

65．GB 5725—2009《安全网》规定，网的负载高度一般不超过 16m。（ ）
A．正确 B．错误

66．GB 5725—2009《安全网》规定，施工需要，网的负载高度允许超过 6m，但最大不超过 10m，必须附加钢丝绳缓冲措施。（ ）
A．正确 B．错误

67．GB 5725—2009《安全网》规定，安全网冲击试验中的冲击物为直径 500mm、质量 100kg

的铸铁空心铁球，或直径550mm、高度900mm、质量120kg的圆柱形沙包。（　　）
A．正确　　　　　　　　　　　　B．错误

68．GB 5725—2009《安全网》规定，安全网冲击试验中，工作电源为AC220V，50Hz。（　　）
A．正确　　　　　　　　　　　　B．错误

69．GB 5725—2009《安全网》规定，安全网冲击试验中，最高距离试验面7m。（　　）
A．正确　　　　　　　　　　　　B．错误

70．GB 5725—2009《安全网》规定，安全网冲击试验中，最高距离试验面10m。（　　）
A．正确　　　　　　　　　　　　B．错误

71．GB 5725—2009《安全网》规定，安全网冲击试验中，冲击架总高度11m。（　　）
A．正确　　　　　　　　　　　　B．错误

72．GB 5725—2009《安全网》规定，贯穿试验中贯穿物为直径50mm、质量5kg的不锈钢（或45号钢）圆棒。（　　）
A．正确　　　　　　　　　　　　B．错误

73．GB 5725—2009《安全网》规定，贯穿试验中，高度距离被贯穿网中心1m。（　　）
A．正确　　　　　　　　　　　　B．错误

74．GB 5725—2009《安全网》规定，贯穿性试验中贯穿试验架与水平面夹角30°。（　　）
A．正确　　　　　　　　　　　　B．错误

75．GB 5725—2009《安全网》规定，贯穿试验中，高度距离被贯穿网中心10m。（　　）
A．正确　　　　　　　　　　　　B．错误

76．GB 5725—2009《安全网》规定，贯穿性试验中贯穿试验架与水平面夹角60°。（　　）
A．正确　　　　　　　　　　　　B．错误

77．使用安全网时，可以用人跳进或把物品投入安全网内的方法检验质量。（　　）
A．正确　　　　　　　　　　　　B．错误

78．使用安全网时，应避免大量焊接火星或其他火星落入安全网内。（　　）
A．正确　　　　　　　　　　　　B．错误

79．使用安全网时，应避免安全网周围有严重腐蚀性烟雾。（　　）
A．正确　　　　　　　　　　　　B．错误

80．使用安全网时，应避免随便拆除安全网的构件。（　　）
A．正确　　　　　　　　　　　　B．错误

81．使用安全网时，应避免在安全网内或下方堆积物品。（　　）
A．正确　　　　　　　　　　　　B．错误

82．使用安全网时，应进行定期或不定期的检查，并及时清理网中落下的杂物污染，当受到较大冲击时，应及时更换。（　　）

A．正确 B．错误

83．安全带是防止高处作业人员发生坠落或发生坠落后将作业人员安全悬挂的个体防护装备。（ ）
A．正确 B．错误

84．高度超过 2.0m，没有其他防止坠落的措施时，必须使用安全带。（ ）
A．正确 B．错误

85．高度超过 15m，没有其他防止坠落的措施时，必须使用安全带。（ ）
A．正确 B．错误

86．安全带使用原则为高挂低用。（ ）
A．正确 B．错误

87．安全带使用原则为低挂高用。（ ）
A．正确 B．错误

88．安全带使用原则为高挂高用。（ ）
A．正确 B．错误

89．安全带使用原则为低挂低用。（ ）
A．正确 B．错误

90．过去安全带用皮革、帆布或化纤材料制成，按国家标准现已生产了锦纶安全带。（ ）
A．正确 B．错误

91．下图中，4 指安全绳。（ ）

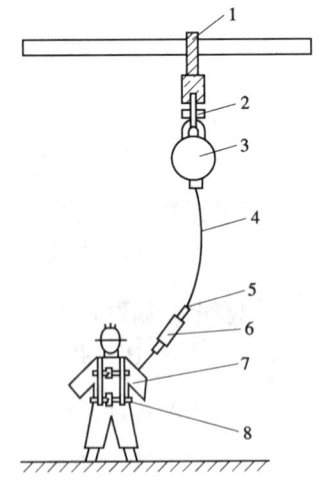

A．正确 B．错误

92．上图中，8 指安全带。（ ）
A．正确 B．错误

160

93. 三点式腰部安全带应系得尽可能低些，最好系在髋部，不要系在腰部。（　　）
    A．正确　　　　　　　　　　　　　　B．错误

94. 肩部安全带不能放在胳膊下面，应斜挂胸前。（　　）
    A．正确　　　　　　　　　　　　　　B．错误

95. 三点式腰部安全带应系得尽可能低些，最好系在腰部。（　　）
    A．正确　　　　　　　　　　　　　　B．错误

96. 肩部安全带应放在胳膊下面，应斜挂胸前。（　　）
    A．正确　　　　　　　　　　　　　　B．错误

97. 安全带使用前应检查绳带有无变质、卡环，是否有裂纹，卡簧弹跳性是否良好。（　　）
    A．正确　　　　　　　　　　　　　　B．错误

98. 安全带要拴挂在牢固的构件或物体上，要防止摆动或碰撞，绳子不能打结使用，钩子要挂在连接环上。（　　）
    A．正确　　　　　　　　　　　　　　B．错误

99. GB 6096—2009《安全带检验方法》规定，安全带各部件和整体要做负荷试验，分静负荷和冲击试验两部分。（　　）
    A．正确　　　　　　　　　　　　　　B．错误

100. 下图为安全带冲击测试方法图，2指安全带，3指模拟人型。（　　）

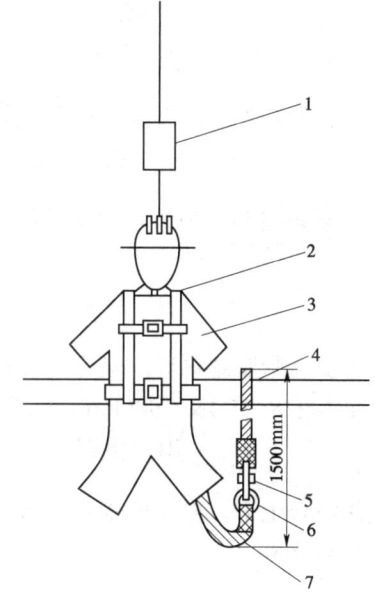

    A．正确　　　　　　　　　　　　　　B．错误

101. 上图为安全带冲击测试方法图，1指安全带，3指模拟人型。（　　）
    A．正确　　　　　　　　　　　　　　B．错误

102．悬挂安全带做冲击试验，一般提升模拟人型时要使腰带和悬挂处成一水平位置。（　　）
　　A．正确　　　　　　　　　　　　B．错误

103．悬挂安全带进行冲击试验，不允许部件有破断、裂纹和脱钩情况出现。（　　）
　　A．正确　　　　　　　　　　　　B．错误

104．下图为自锁钩安全带冲击试验图，7指安全带，4指模拟人型。（　　）

　　A．正确　　　　　　　　　　　　B．错误

105．上图为自锁钩安全带冲击试验图，7指安全带，4指释放器。（　　）
　　A．正确　　　　　　　　　　　　B．错误

106．自锁钩安全带做冲击试验，要求自锁钩放置在距上端绳长0.8m处，其下滑距离不得大于1.2m。（　　）
　　A．正确　　　　　　　　　　　　B．错误

107．GB 6096—1985《缓冲器和安全带联结试验》规定，3m以上长绳应加缓冲器联结使用。缓冲器在4m冲距、冲力在8825.4N（900kgf）以下为合格。（　　）
　　A．正确　　　　　　　　　　　　B．错误

108．速差式自控器固定悬挂在作业点上方，将自控器内的绳索和安全带上半圆环联结。可任意将绳索拉出，在一定位置上作业。（　　）
　　A．正确　　　　　　　　　　　　B．错误

109．安全绳的长度限制在1.5～2.0m，使用3m以上长绳应加缓冲器。（　　）
　　A．正确　　　　　　　　　　　　B．错误

110．安全绳的长度限制在1.5～2.0m，使用5m以上长绳应加缓冲器。（　　）

A．正确　　　　　　　　　　　　B．错误

111. 安全带使用时不准将绳打结使用，也不准将钩直接挂在安全绳上使用，应挂在连接环上用。（　　）
  A．正确　　　　　　　　　　　　B．错误

112. 安全带上的各种部件不得任意拆掉，使用2年以上应抽检一次。（　　）
  A．正确　　　　　　　　　　　　B．错误

113. 安全带上的各种部件不得任意拆掉，使用10年以上应抽检一次。（　　）
  A．正确　　　　　　　　　　　　B．错误

114. 新使用的安全带必须有产品检验合格证，无检验合格证不准使用。（　　）
  A．正确　　　　　　　　　　　　B．错误

115. 安全帽是防止冲击物伤害头部的防护用品。由帽壳、帽衬、下颊带和后箍组成。（　　）
  A．正确　　　　　　　　　　　　B．错误

116. 安全帽产品按用途分有一般作业类（Y类）安全帽和特殊作业类（T类）安全帽两大类，建筑行业一般就选用Y类安全帽。（　　）
  A．正确　　　　　　　　　　　　B．错误

117. 安全帽产品按用途分有一般作业类（Y类）安全帽和特殊作业类（T类）安全帽两大类，建筑行业一般就选用T类安全帽。（　　）
  A．正确　　　　　　　　　　　　B．错误

118. 国家相关标准并没有在安全帽颜色使用方面做出指导性规范。（　　）
  A．正确　　　　　　　　　　　　B．错误

119. 一顶完整的安全帽，重量应尽可能减轻，不应超过1000g。（　　）
  A．正确　　　　　　　　　　　　B．错误

120. 安全帽佩戴高度：按规定条件测量，其值应为80～90mm。（　　）
  A．正确　　　　　　　　　　　　B．错误

121. 安全帽的佩戴要符合标准，使用要符合规定。如果佩戴和使用不正确，就起不到充分的防护作用。（　　）
  A．正确　　　　　　　　　　　　B．错误

122. 戴安全帽前应将帽后调整带按自己头型调整到适合的位置，人的头顶和帽体内顶部的空间垂直距离一般为25～50mm，至少不要小于32mm为好。（　　）
  A．正确　　　　　　　　　　　　B．错误

123. 戴安全帽不要把安全帽歪戴，但可以把帽沿戴在脑后方。（　　）
  A．正确　　　　　　　　　　　　B．错误

124. 安全帽的下颌带必须扣在颌下并系牢,松紧要适度。(   )
    A．正确　　　　　　　　　　　　B．错误

125. 严禁使用只有下颌带与帽壳连接的安全帽,也就是帽内无缓冲层的安全帽。(   )
    A．正确　　　　　　　　　　　　B．错误

126. 任何受过重击、有裂痕的安全帽,不论有无损坏现象,均应报废。(   )
    A．正确　　　　　　　　　　　　B．错误

127. 无安全帽一律不准进入施工现场。(   )
    A．正确　　　　　　　　　　　　B．错误

128. 新领的安全帽,首先检查是否有劳动部门允许生产的证明及产品合格证,再看是否破损、薄厚不均,缓冲层及调整带和弹性带是否齐全有效。不符合规定要求的立即调换。(   )
    A．正确　　　　　　　　　　　　B．错误

129. 安全帽的永久标识:制造厂名及商标、型号;制造年、月;许可证编号;生产合格证和验证。(   )
    A．正确　　　　　　　　　　　　B．错误

130. 安全帽出厂按批量2000～20000顶抽验,一批不足2000顶仍以一批计算。(   )
    A．正确　　　　　　　　　　　　B．错误

131. 安全帽冲击吸收性能试验规定,传递到头模上的力不超过4900N(500kgf)。(   )
    A．正确　　　　　　　　　　　　B．错误

132. 安全帽耐穿刺性能试验规定,电接触显示装置不显示,即钢锥不接触头模表面。(   )
    A．正确　　　　　　　　　　　　B．错误

133. 安全帽电绝缘性能试验规定,泄漏电流不超过1.2mA。(   )
    A．正确　　　　　　　　　　　　B．错误

134. 安全帽阻燃性能试验规定,续燃时间不超过5s。(   )
    A．正确　　　　　　　　　　　　B．错误

135. 安全帽电绝缘性能试验规定,泄漏电流不超过12mA。(   )
    A．正确　　　　　　　　　　　　B．错误

136. 安全帽阻燃性能试验规定,续燃时间不超过50s。(   )
    A．正确　　　　　　　　　　　　B．错误

137. 安全帽侧向刚性试验规定,最大变形不超过40mm,残余变形不超过15mm。(   )
    A．正确　　　　　　　　　　　　B．错误

138. 抗静电性能试验规定,实际测得的表面电阻率不大于$1×10^9Ω$。(   )

A．正确　　　　　　　　　　　　B．错误

139. 眼面部防护用品，防冲击眼护具可以预防铁屑、灰砂、碎石等外来物对眼睛的冲击伤害。（　　）
　　 A．正确　　　　　　　　　　　　B．错误

140. 眼面部防护用品，防冲击眼护具分为防护眼镜、眼罩和面罩三种。（　　）
　　 A．正确　　　　　　　　　　　　B．错误

141. 眼面部防护用品，焊接护目镜预防非电离辐射、金属火花和烟尘等的危害。（　　）
　　 A．正确　　　　　　　　　　　　B．错误

142. 眼面部防护用品，焊接护目镜分普通眼镜、前挂镜、防侧光镜三种。（　　）
　　 A．正确　　　　　　　　　　　　B．错误

143. 眼面部防护用品，炉窑护目镜和自动变光焊接面罩预防炉、窑口辐射出的红外线和少量可见光、紫外线对人眼的危害。（　　）
　　 A．正确　　　　　　　　　　　　B．错误

144. 眼面部防护用品，炉窑护目镜和自动变光焊接面罩分为护目镜、眼罩和防护面罩三种。（　　）
　　 A．正确　　　　　　　　　　　　B．错误

145. 橡胶手套和橡胶鞋底的厚度应根据电压的高低来选择。（　　）
　　 A．正确　　　　　　　　　　　　B．错误

146. 防尘自吸过滤式口罩的检验项目为阻尘效率、呼吸阻力等。（　　）
　　 A．正确　　　　　　　　　　　　B．错误

147. 特殊作业类安全帽，T5类适用于有火源的作业场所。（　　）
　　 A．正确　　　　　　　　　　　　B．错误

148. 特殊作业类安全帽，T1类适用于井下、隧道、地下工程、采伐等作业场所。（　　）
　　 A．正确　　　　　　　　　　　　B．错误

149. 特殊作业类安全帽，T2类适用于易燃易爆作业场所。（　　）
　　 A．正确　　　　　　　　　　　　B．错误

150. 特殊作业类安全帽，T3（绝缘）类适用于带电作业场所。（　　）
　　 A．正确　　　　　　　　　　　　B．错误

151. 特殊作业类安全帽，T4（低温）类适用于低温作业场所。（　　）
　　 A．正确　　　　　　　　　　　　B．错误

152. 建筑"三宝"是建筑工人安全防护的三件宝，不是三宝的是（　　）。
　　 A．安全帽　　　B．安全手套　　　C．安全网　　　D．安全带

153. 建筑"三宝"是建筑工人安全防护的三件宝,不是三宝的是（　　）。
    A．安全帽　　　　B．安全网　　　　C．安全胶鞋　　　　D．安全带

154. 建筑"三宝"是建筑工人安全防护的三件宝,不是三宝的是（　　）。
    A．安全帽　　　　　　　　　　　　B．安全网
    C．安全防尘（毒）口罩　　　　　　D．安全带

155. 建筑"三宝"是建筑工人安全防护的三件宝,不是三宝的是（　　）。
    A．安全防护眼镜　B．安全帽　　　　C．安全网　　　　D．安全带

156. 劳动保护用品的发放和管理,坚持"（　　）,谁负责"的原则。
    A．谁用工　　　　B．谁使用　　　　C．谁购买　　　　D．谁发放

157. 劳动保护用品的发放和管理,坚持"谁用工,（　　）"的原则。
    A．谁负责　　　　B．谁使用　　　　C．谁购买　　　　D．谁发放

158. 施工作业人员所在企业必须按国家规定免费发放劳动保护用品,更换已损坏或已到使用期限的劳动保护用品,费用收取方式为（　　）。
    A．从使用者工资中扣除　　　　　　B．变相收取
    C．国家免费发放　　　　　　　　　D．不得收取

159. 劳动保护用品发放形式必须是（　　）。
    A．实物　　　　　　　　　　　　　B．货币
    C．安全（绝缘）鞋　　　　　　　　D．其他物品替代

160. 劳动保护用品必须以实物形式发放,（　　）替代。
    A．可以用货币　　B．不得以货币　　C．必须以货币　　D．其他物品

161. 企业应建立完善劳动保护用品的采购、验收、保管、发放、使用、更换、报废等规章制度。同时应建立相应的管理台账,管理台账保存期限不得少于（　　）,以保证劳动保护用品的质量具有可追溯性。
    A．1年　　　　　B．2年　　　　　C．3年　　　　　D．4年

162. 企业应当向劳动保护用品生产厂家或供货商索要法定检验机构出具的（　　）或由供货商签字盖章的复印件。
    A．出厂日期　　　B．价格　　　　　C．检验报告　　　D．使用说明

163. 监理单位要加强对施工现场劳动保护用品的监督检查。发现有不使用、或使用不符合要求的劳动保护用品,（　　）。
    A．责令相关企业立即改正　　　　　B．罚款
    C．停工　　　　　　　　　　　　　D．报告业主

164. 不属于安全网的组成构件的是（　　）。
    A．网体　　　　　B．边绳　　　　　C．系绳　　　　　D．圆柱形沙包

165. 安全网具有菱形或方形的网目，编结物相邻两个绳结之间的距离称为（　　）尺寸。
    A．基本　　　　　B．标准　　　　　C．常用　　　　　D．网目

166. 安全网具有菱形或方形的网目，网体四周边缘上的网绳，称为（　　）。
    A．边绳　　　　　B．系绳　　　　　C．网体　　　　　D．网目尺寸

167. 安全网的尺寸（公称尺寸）即由（　　）的尺寸而定。
    A．系绳　　　　　B．边绳　　　　　C．网体　　　　　D．网目

168. 把安全网固定在支撑物上的绳，称为（　　）。
    A．系绳　　　　　B．边绳　　　　　C．网体　　　　　D．网目

169. 凡用于增加安全网强度的绳，则统称为（　　）。
    A．系绳　　　　　B．边绳　　　　　C．网体　　　　　D．筋绳

170. 同一张安全网上所有的网绳，都要采用同一材料，所有材料的湿干强力比不得低于（　　）。
    A．55%　　　　　B．65%　　　　　C．75%　　　　　D．85%

171. 同一张安全网上所有的网绳，采用（　　）。
    A．同一材料　　　B．两种材料　　　C．三种材料　　　D．任意多同材料

172. 安全网，不论用何种材料，每张安全平网的重量一般不宜超过（　　），并要能承受800N 的冲击力。
    A．5kg　　　　　B．10kg　　　　　C．15kg　　　　　D．20kg

173. 安全网，不论用何种材料，每张安全平网的重量一般不宜超过 15kg，并要能承受的冲击力为（　　）。
    A．200N　　　　　B．400N　　　　　C．600N　　　　　D．800N

174. （　　）是指安装平面不垂直于水平面，用来防止人、物坠落，或用来避免、减轻坠落及物击伤害的安全网。
    A．安全平网　　　B．安全立网　　　C．安全横立网　　　D．安全竖网

175. （　　）是指安装平面垂直于水平面，用来防止人、物坠落，或用来避免、减轻坠落及物击伤害的安全网。
    A．安全平网　　　B．安全立网　　　C．安全横立网　　　D．安全竖网

176. 安全网标记是由三部分组成，不属于标记的是（　　）。
    A．产品材料　　　B．产品分类　　　C．产品规格尺寸　　　D．受力荷载

177. 安全网标记：产品分类以字母（　　）代表平网。
    A．P　　　　　　B．L　　　　　　C．M　　　　　　D．U

178. 安全网标记：产品分类以字母（　　）代表立网。
    A．P　　　　　　B．L　　　　　　C．M　　　　　　D．U

179. 安全网标记：产品规格尺寸以（ ）表示，单位为 m。
    A．宽度×长度　　B．宽度×高度　　C．重量　　D．体积

180. 安全网标记：阻燃型网应在分类标记后加注字样（ ）。
    A．阻燃　　B．防火　　C．耐火　　D．防燃

181. 安全网平网标记为"锦纶 P—3×6"，是指（ ）为 3m，长度为 6m，材料为锦纶。
    A．宽度　　B．高度　　C．对角线　　D．重量

182. 安全网立网（ ）平网，应根据施工需要及负载高度。
    A．可以代替　　B．可以取代　　C．可以改用　　D．不能代替

183. 安全网平网负载强度要求（ ）立网，所用材料较多。
    A．大于　　B．小于　　C．不小于　　D．不大于

184. 安全网平网宽度不小于（ ），立网和密目式安全网宽度不小于 1.2m。
    A．2m　　B．3m　　C．4m　　D．5m

185. 安全网平网宽度不小于 3m，立网和密目式安全网宽度不小于（ ）。
    A．1.2m　　B．1.3m　　C．1.4m　　D．1.5m

186. 安全网系绳长度不小于（ ），安全网系绳与系绳间距不应大于 0.75m。
    A．0.4m　　B．0.6m　　C．0.8m　　D．1.0m

187. 安全网系绳长度不小于 0.8m，安全网系绳与系绳间距不应大于（ ）。
    A．0.55m　　B．0.65m　　C．0.75m　　D．0.85m

188. 安全网密目式安全网系绳与系绳间距不应大于（ ），安全网筋绳间距离不得太小，一般规定在 0.3m 以上。
    A．0.45m　　B．0.65m　　C．0.85m　　D．0.95m

189. 安全网密目式安全网系绳与系绳间距不应大于 0.45m，安全网筋绳间距离不得太小，一般规定在（ ）以上。
    A．0.05m　　B．0.1m　　C．0.2m　　D．0.3m

190. 安全网一般情况，无结网结节强度（ ）有结网结节强度。
    A．大于　　B．小于　　C．不小于　　D．不大于

191. 安全网的（ ）性能是判别安全网质量优劣的主要指标。
    A．物理力学　　B．耐久性　　C．耐用性　　D．耐候性

192. 首层水平安全网施工时，凡高度在（ ）以下的建筑物，首层四周必须支搭固定 3m 宽的水平安全网。
    A．3m　　B．4m　　C．5m　　D．6m

193. 首层水平安全网施工时，凡高度在 4m 以下的建筑物，首层四周必须支撑固定（　　）宽的水平安全网。
   A．3m   B．4m   C．5m   D．6m

194. 首层水平安全网施工时，斜杆应埋入土中（　　），平网应外高里低，一般以 15°为宜。
   A．40cm   B．50cm   C．60cm   D．70cm

195. 首层水平安全网施工时，斜杆应埋入土中 50cm，平网应外高里低，一般以（　　）为宜。
   A．15°   B．30°   C．45°   D．60°

196. 首层水平安全网施工时，高度超过（　　）的高层建筑应支搭固定为 6m 宽的水平安全网。
   A．10m   B．15m   C．20m   D．25m

197. 首层水平安全网施工时，高度超过 20m 的高层建筑应支搭固定为宽的（　　）水平安全网。
   A．3m   B．4m   C．5m   D．6m

198. 首层水平安全网施工时，网的接口处连接严密，与建筑物之间的缝隙不大于（　　）。
   A．10cm   B．20cm   C．30cm   D．40cm

199. 水平安全网层面网施工，高层建筑每隔（　　）层应加固一道 3m 宽的层面水平网。
   A．一   B．二   C．三   D．四

200. 水平安全网层面网施工，高层建筑每隔四层应加固一道（　　）宽的层面水平网。
   A．3m   B．4m   C．5m   D．6m

201. 水平安全网层面网施工，网的外缘一般用（　　）与网架绑挂。
   A．细铁丝   B．粗铁丝   C．钢丝绳   D．尼龙绳

202. 水平安全网层面网施工，没有固定斜杆的地方可以用（　　）支撑。
   A．抱角架子   B．柱子   C．梁   D．板

203. GB 5725—2009《安全网》规定，网的负载高度一般不超过（　　）。
   A．3m   B．4m   C．5m   D．6m

204. GB 5725—2009《安全网》规定，施工需要，网的负载高度允许超过 6m，但最大不超过（　　），必须附加钢丝绳缓冲措施。
   A．4m   B．6m   C．8m   D．10m

205. GB 5725—2009《安全网》规定，直径 500mm、质量 100kg 的铸铁空心铁球，或直径 550mm、高度 900mm、质量（　　）的圆柱形沙包。

A．100kg B．110kg C．120kg D．130kg

206．GB 5725—2009《安全网》规定，工作电源为（　　）。
A．AC220V，40Hz B．AC220V，50Hz
C．AC220V，60Hz D．AC220V，70Hz

207．GB 5725—2009《安全网》规定，最高距离试验面（　　）。
A．4m B．6m C．8m D．10m

208．GB 5725—2009《安全网》规定，贯穿试验中，高度距离被贯穿网中心（　　）。
A．1m B．3m C．6m D．10m

209．GB 5725—2009《安全网》规定，贯穿性试验中贯穿试验架与水平面夹角为（　　）。
A．30° B．45° C．60° D．90°

210．（　　）是指在作业层下一步搭设的水平安全网。
A．随级网 B．随后网 C．随下网 D．随层网

211．高度超过（　　），没有其他防止坠落的措施时，必须使用安全带。
A．2.0m B．3.0m C．4.0m D．5.0m

212．安全带使用原则为（　　）。
A．高挂低用 B．低挂高用 C．高挂高用 D．低挂低用

213．过去安全带用皮革、帆布或化纤材料制成，按国家标准现已生产了（　　）安全带。
A．仍用皮革、帆布 B．锦纶
C．钢丝 D．铝合金

214．下图中，4是指（　　）。
A．安全带 B．速差式自控器 C．安全绳 D．缓冲器

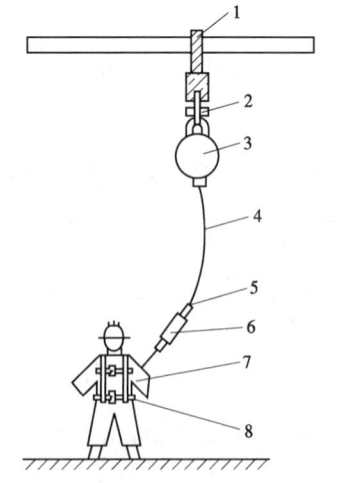

215. 上图中,8 是指（   ）。
    A．安全带   B．速差式自控器   C．安全绳   D．缓冲器

216. 上图中,6 是指（   ）。
    A．安全带   B．速差式自控器   C．安全绳   D．缓冲器

217. 上图中,3 是指（   ）。
    A．安全带   B．速差式自控器   C．安全绳   D．缓冲器

218. 三点式腰部安全带应系得尽可能（   ）些,最好系在髋部。
    A．在腰部   B．适中的位置   C．高   D．低

219. 肩部安全带不能放在胳膊下面,应斜挂（   ）。
    A．胳膊   B．胸前   C．腰部   D．脚踝

220. GB 6096—2009《安全带检验方法》规定,安全带各部件和整体要做负荷试验,分静负荷和（   ）两部分。
    A．抗拉试验   B．剪切试验   C．冲击试验   D．老化试验

221. 下图为安全带冲击测试方法图,2 指（   ）,3 指模拟人型。
    A．安全带   B．速差式自控器   C．安全绳   D．缓冲器

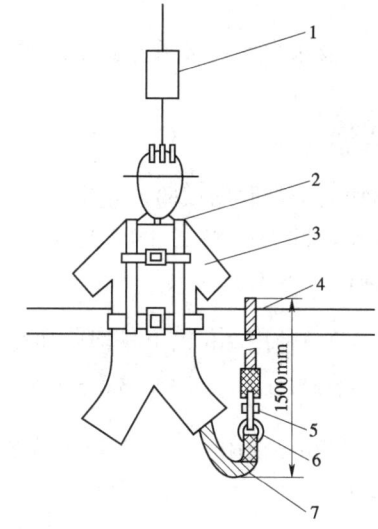

222. 上图为安全带冲击测试方法图,1 指（   ）,3 指模拟人型。
    A．安全带   B．速差式自控器   C．安全绳   D．释放器

223. 悬挂安全带做冲击试验,一般提升模拟人型时要使腰带和悬挂处成（   ）位置。
    A．水平   B．垂直   C．上下   D．前后

224. 下图为自锁钩安全带冲击试验图,7 指（   ）,6 指模拟人型。
    A．安全带   B．速差式自控器   C．安全绳   D．释放器

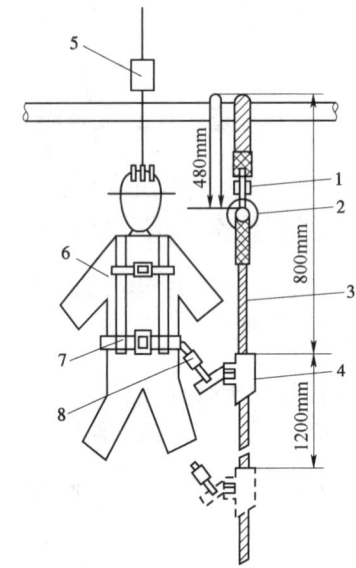

225. 自锁钩安全带做冲击试验，要求自锁钩放置在距上端绳长（　　）处，其下滑距离不得大于1.2m。

　　A．0.6m　　　　B．0.8m　　　　C．1.0m　　　　D．1.2m

226. 自锁钩安全带做冲击试验，要求自锁钩放置在距上端绳长0.8m处，其下滑距离不得大于（　　）。

　　A．0.6m　　　　B．0.8m　　　　C．1.0m　　　　D．1.2m

227. GB 6096—1985《缓冲器和安全带联结试验》规定，3m以上长绳应加缓冲器联结使用。缓冲器在（　　）冲距，冲力在8825.4N（900kgf）以下为合格。

　　A．4m　　　　　B．6m　　　　　C．8m　　　　　D．10m

228. 安全绳的长度限制在（　　），使用3m以上长绳应加缓冲器。

　　A．1.5～2.0m　　B．2.5～3.0m　　C．3.5～4.0m　　D．4.5～5.0m

229. 安全绳的长度限制在1.5～2.0m，使用（　　）以上长绳应加缓冲器。

　　A．1m　　　　　B．2m　　　　　C．3m　　　　　D．4m

230. 安全带上的各种部件不得任意拆掉，使用（　　）以上应抽检一次。

　　A．1年　　　　　B．2年　　　　　C．3年　　　　　D．4年

231. 新使用的安全带必须有产品（　　），无证明不准使用。

　　A．检验合格证　　B．出厂日期　　　C．产品材质说明　　D．尺寸

232. 安全帽产品按用途分有一般作业类安全帽和特殊作业类安全帽两大类，建筑行业一般就选用（　　）安全帽。

　　A．Y类　　　　　B．T类　　　　　C．YY类　　　　　D．TT类

233. 特殊作业类安全帽，T1 类适用于（　　）作业。
    A. 有火源的　　　　　　　　　　　B. 井下、隧道、地下工程、采伐等
    C. 易燃易爆　　　　　　　　　　　D 带电

234. 特殊作业类安全帽，T2 类适用于（　　）作业。
    A. 有火源的　　　　　　　　　　　B. 井下、隧道、地下工程、采伐等
    C. 易燃易爆　　　　　　　　　　　D. 带电

235. 特殊作业类安全帽，T3 类适用于（　　）作业。
    A. 有火源的　　　　　　　　　　　B. 井下、隧道、地下工程、采伐等
    C. 易燃易爆　　　　　　　　　　　D. 带电

236. 特殊作业类安全帽，T4（绝缘）类适用于（　　）作业。
    A. 有火源的　　　　　　　　　　　B. 井下、隧道、地下工程、采伐等
    C. 易燃易爆　　　　　　　　　　　D. 带电

237. 特殊作业类安全帽，T4（低温）类适用于（　　）作业。
    A. 有火源的　　　　　　　　　　　B. 井下、隧道、地下工程、采伐等
    C. 低温　　　　　　　　　　　　　D. 带电

238. 国家有关安全帽的颜色标准，建筑行业是（　　）。
    A. 红色　　　　B. 绿色　　　　C. 黄色　　　　D. 无行业标准

239. 安全帽佩戴高度：按规定条件测量，其值应为（　　）。
    A. 50～60mm　　B. 60～70mm　　C. 70～80mm　　D. 80～90mm

240. 一顶完整的安全帽，重量应尽可能减轻，普通帽不超过（　　）。
    A. 430g　　　　B. 530g　　　　C. 630g　　　　D. 830g

241. 一顶完整的安全帽，重量应尽可能减轻，防寒安全帽不超过（　　）。
    A. 500g　　　　B. 600g　　　　C. 700g　　　　D. 800g

242. 戴安全帽前应将帽后调整带按自己头型调整到适合的位置，人的头顶和帽体内顶部的空间垂直距离一般为（　　），至少不要小于 32mm 为好。
    A. 15～30mm　　B. 15～50mm　　C. 25～50mm　　D. 25～30mm

243. 戴安全帽前应将帽后调整带按自己头型调整到适合的位置，人的头顶和帽体内顶部的空间垂直距离一般为 25～50mm，至少不要小于（　　）为好。
    A. 32mm　　　　B. 42mm　　　　C. 52mm　　　　D. 62mm

244. 安全帽出厂按批量 1000～（　　）顶抽验，一批不足 2000 顶仍以一批计算。
    A. 20000　　　B. 30000　　　C. 40000　　　D. 50000

245. 安全帽冲击吸收性能试验规定，传递到头模上的力不超过（　　）。
    A. 7900N　　　B. 6900N　　　C. 5900N　　　D. 4900N

246. 安全帽电绝缘性能试验规定，泄漏电流不超过（   ）。
    A．1.0mA   B．1.1mA   C．1.2mA   D．1.3mA

247. 安全帽阻燃性能试验规定，续燃时间不超过（   ）。
    A．3s   B．4s   C．5s   D．6s

248. 抗静电性能试验规定，实际测得的表面电阻率不大于（   ）。
    A．1×10⁹Ω   B．2×10⁹Ω   C．3×10⁹Ω   D．4×10⁹Ω

249. 安全帽侧向刚性试验规定，最大变形不超过（   ），残余变形不超过15mm。
    A．10mm   B．20mm   C．30mm   D．40mm

250. 安全帽侧向刚性试验规定，最大变形不超过40mm，残余变形不超过（   ）。
    A．15mm   B．25mm   C．35mm   D．45mm

251. 玻璃钢（维纶钢）橡胶帽有效期不超过（   ）。
    A．一年半   B．两年半   C．三年半   D．四年半

252. 橡胶手套和橡胶鞋底的厚度应根据（   ）的高低来选择。
    A．电压   B．电流   C．电阻   D．电源

253. 简易防尘自吸过滤式口罩不做的检验项目为（   ）。
    A．吸气阻力   B．呼气阻力
    C．吸气阻力上升值   D．湿气阻力值

254. 复式防尘自吸过滤式口罩不做的检验项目为（   ）。
    A．吸气阻力   B．呼气阻力
    C．吸气阻力上升值   D．湿气阻力值

255. 防尘自吸过滤式口罩储存期限，最长不得超过（   ），超过的口罩应 2‰抽样进行复检。
    A．1年   B．2年   C．3年   D．4年

256. 长期在（   ）以上或短时在115dB（A）以上环境中工作时应使用听力护具。
    A．80dB（A）   B．90dB（A）
    C．1000dB（A）   D．110dB（A）

257. 不属于听力防护用品的是（   ）。
    A．防噪声耳塞   B．护耳罩   C．噪声阻抗器   D．防紫外线的遮光镜

258. 操作机械时，工人要穿"三紧"式工作服，"三紧"是指（   ）紧、领口紧和下摆紧。
    A．袖口   B．裤口   C．裤腿

259. 在进行焊割作业时，应佩戴（   ）种个人防护用具。
    A．镶有护目镜片的面罩   B．安全帽   C．自救呼吸器

260. 在高处作业中，（　　）说法是不正确的。
    A．要穿底面钉铁件的鞋　　　　B．穿防滑工作鞋　　C．系安全带

261. 地下挖掘建筑作业工人，必须使用的防护用品为（　　）。
    A．安全帽　　　　B．防水工作服　　　C．减震手套

262. 劳动防护用品按防护部位不同，分为10大类，下列防护用品中，安全带和安全绳属于（　　）。
    A．听力护具　　　B．眼防护具　　　C．防坠落护具

263. 建筑工人安全帽和摩托车头盔可以通用。（　　）
    A．正确　　　　　　　　　　　　B．错误

264. 使用电钻或手持电动工具时必须戴绝缘手套，可以不穿绝缘鞋。（　　）
    A．正确　　　　　　　　　　　　B．错误

265. 防护用品必须严格保证质量。安全可靠但可以不用舒适和方便。（　　）
    A．正确　　　　　　　　　　　　B．错误

266. 一般纱布口罩不能起到防尘口罩的作用。（　　）
    A．正确　　　　　　　　　　　　B．错误

267. 下图安全帽中，1表示（　　）。
    A．帽衬　　　　B．弹性带　　　C．缓冲垫　　　D．后箍

268. 下图安全帽中，2表示（　　）。
    A．帽衬　　　　B．弹性带　　　C．缓冲垫　　　D．后箍

269. 下图安全帽中，3 表示（　　）。
    A. 帽衬　　　　B. 弹性带　　　　C. 缓冲垫　　　　D. 后箍

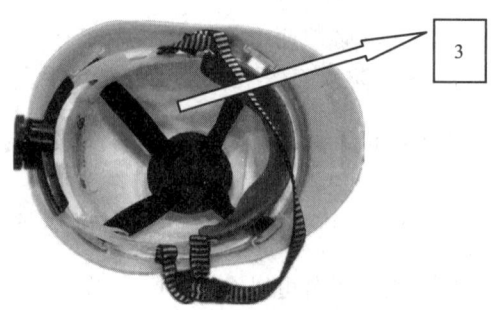

270. 下图安全帽中，4 表示（　　）。
    A. 帽衬　　　　B. 弹性带　　　　C. 缓冲垫　　　　D. 后箍

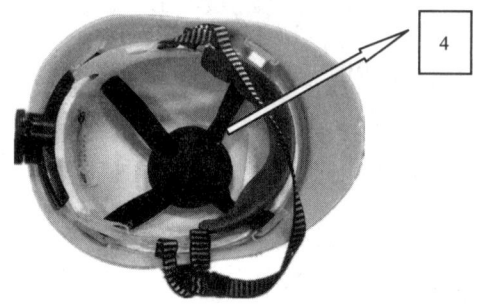

271. 下图安全帽中，5 表示（　　）。
    A. 帽衬　　　　B. 弹性带　　　　C. 缓冲垫　　　　D. 后箍

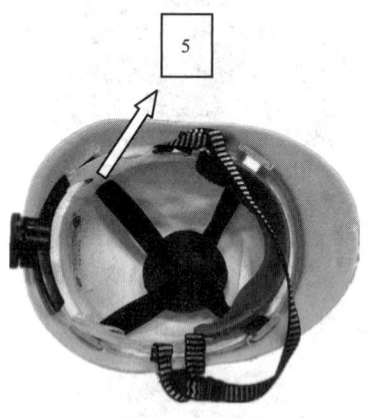

272. 下列哪一种是不正确处理安全帽的做法？（　　）
    A. 附加护耳罩　　　B. 贴上标记　　　C. 自己钻孔加上扣带

273. 下列哪一种不是安全鞋能给予用者的保护？（　　）
    A. 防止在湿滑地面滑倒　　　　　　B. 防止物体下堕时压伤脚趾
    C. 避免因地面不平而绊倒

274. 采用全身式安全带较腰带式安全带为佳,原因是于坠下时可减低下冲力,减轻使用者身体哪一部分造成的伤害?( )
   A．胸部　　　　　B．脚部　　　　　C．腰部

275. 从事噪声作业应佩戴什么防护用品?( )
   A．工作服　　　　B．耳塞或耳罩　　C．安全帽

276. 安全帽的种类较多,下列哪种作业不宜使用小沿安全帽?( )
   A．室内作业　　　B．露天作业　　　C．隧道

277. 安全带使用几年后,应检查一次?( )
   A．1年　　　　　B．2年　　　　　C．3年

278. 在进行电焊操作时,必须佩戴下列哪一项劳动保护用品?( )
   A．佩戴装有适当滤光镜片的眼罩或面罩　　B．佩戴太阳眼镜
   C．佩呼吸器

279. 下列防护用品中,安全带和安全绳属于哪一类防护用具?( )
   A．呼吸护具　　　B．眼防护具　　　C．防坠落护具

280. 安全帽帽衬与帽壳的间距是安全帽结构的重要指标,并有下列哪一种好处?( )
   A．保证良好的透气性　　　B．保证良好的缓冲性能
   C．保证坚固

281. 下图中的安全帽佩戴哪一种是正确的做法?( )

   A.　　　　　　　B.　　　　　　　C.　　　　　　　D.

试 题 答 案

第一章 建筑工程基础知识

1-5 ABAAA	56-60 ABBBA	111-115 ADCCA
6-10 BAAAA	61-65 AAABA	116-120 CBBAA
11-15 ABAAB	66-70 ABABA	121-125 CDCAC
16-20 ABBBB	71-75 BBBBB	126-130 DAADA
21-25 AABAA	76-80 AAAAB	131-135 CDADB
26-30 ABAAB	81-85 BAAAA	136-140 CBDBB
31-35 BBABA	86-90 ABBAB	141-145 DCBDD
36-40 BABBA	91-95 AAABB	146-150 DABDA
41-45 AABAB	96-100 BBAAA	151-155 CABAA
46-50 ABBBA	101-105 ABCDA	156 D
51-55 AAAAB	106-110 BCDDD	

第二章 建设工程安全相关法律法规

1-5 AAAAB	31-35 DABCA	61-65 CBDCA
6-10 ABAAA	36-40 ABDAD	66-70 CACBA
11-15 AABAA	41-45 CBAAD	71-75 AABBA
16-20 AABAA	46-50 DDAAC	76-80 ADCBD
21-25 AAAAA	51-55 AAABD	81-85 DACAD
26-30 AAABB	56-60 ABDDB	86 B

第三章 建筑施工安全管理体制

1-5 AABAA	41-45 ABAAA	81-85 CDBCD
6-10 AAAAA	46-50 AAAAA	86-90 ABCDA
11-15 ABBBB	51-55 AAAAA	91-95 BCAAB
16-20 AAAAA	56-60 AAAAA	96-100 CACAD
21-25 BBBAB	61-65 ABABA	101-105 DDBBB
26-30 ABBBA	66-70 DDBDD	106-110 BABDC
31-35 BABAA	71-75 ABCCC	111-115 BDBCB
36-40 AAABA	76-80 CAADB	116-119 ABBC

第四章 施工现场安全管理

1-5 AAAAA	6-10 AAAAA	11-15 AAAAA

16-20 AAAAA
21-25 AAAAA
26-30 AAAAA
31-35 AAAAA
36-40 AAAAA
41-45 AAAAA

46-50 ABCDC
51-55 CDCDC
56-60 CDBBA
61-65 DBBBB
66-70 ABCAC
71-75 ABDBA

76-80 BCDDB
81-85 CDCBD
86-90 BBBAB
91-95 DBCAB
96-100 BADCB
101-103 DBA

第五章 土 方 工 程

1-5 AABAB
6-10 AABBA
11-15 AAABB
16-20 AABAA
21-25 ABBAA
26-30 BAABB
31-35 AABAA
36-40 BABAA
41-45 BABBA
46-50 ABAAB
51-55 AABAA
56-60 BAAAB
61-65 BAABA
66-70 BBAAB
71-75 BAABB
76-80 AABBA
81-85 BAABA
86-90 BAABA
91-95 BABBB

96-100 ABAAB
101-105 AAABA
106-110 BBAAB
111-115 CBABC
116-120 ACABC
121-125 AABBD
126-130 AABBB
131-135 ABADD
136-140 DABCA
141-145 DCABA
146-150 CACAD
151-155 AACBA
156-160 ACAAC
161-165 ABAAC
166-170 BBCBA
171-175 ABABC
176-180 BABCC
181-185 AADAB
186-190 ACABB

191-195 BAACD
196-200 CACBC
201-205 ABAAA
206-210 DABAC
211-215 ABBAB
216-220 ABABA
221-225 BCDCC
226-230 ABCAA
231-235 DABBD
236-240 CACAA
241-245 BCCBB
246-250 ABDBC
251-255 BACAA
256-260 CBACA
261-265 ACBAD
266-270 CCABB
271-275 BCBBA
276-280 BDACA
281-283 ABC

第六章 脚 手 架 工 程

1-5 BABAA
6-10 ABBBB
11-15 AABAB
16-20 BBABB
21-25 BAAAA
26-30 ABBBB
31-35 ABAAB
36-40 AABAA
41-45 BABBA
46-50 BBBAA

51-55 AAABB
56-60 ABAAB
61-65 BAABA
66-70 ABBAA
71-75 AAABB
76-80 BBABD
81-85 CBBAD
86-90 CBCBD
91-95 ABCAC
96-100 CBCBB

101-105 BBDCC
106-110 BBABA
111-115 AACCB
116-120 BDADB
121-125 BABBD
126-130 CCDBB
131-135 BAABA
136-140 ACDBC
141-145 BCDCB
146-150 ADABC

151-155 DCBCB   156-160 AAAAB

第七章 模板工程

1-5 BAABA	81-85 CABCA	161-165 ABBAB
6-10 ABBAA	86-90 ACAAA	166-170 AADBA
11-15 BABBA	91-95 BBAAB	171-175 CBBAB
16-20 ABAAB	96-100 ACDDB	176-180 DCACC
21-25 ABAAB	101-105 ABCAA	181-185 BACBB
26-30 ABBAB	106-110 BCACB	186-190 CBBAC
31-35 AAABB	111-115 AADAC	191-195 BCABA
36-40 ABABA	116-120 BBABC	196-200 CABAC
41-45 ABAAB	121-125 CAACC	201-205 BABCA
46-50 BBBAA	126-130 BAACB	206-210 ABBDB
51-55 BAABA	131-135 ABCAB	211-215 BBDAC
56-60 BBAAB	136-140 AACBC	216-220 ACABB
61-65 BAABA	141-145 AABCC	221-225 CABAC
66-70 ABBAB	146-150 ACACA	226 B
71-75 AAABB	151-155 CBBAA	
76-80 BBBAA	156-160 CCBAD	

第八章 主体工程

1-5 BABBA	61-65 BABAA	121-125 CBBAD
6-10 BAAAB	66-70 ABBAA	126-130 CDABD
11-15 BBBAA	71-75 BBBBA	131-135 DCBCA
16-20 AABAB	76-80 ABABA	136-140 BCCCA
21-25 BAAAB	81-85 ABABA	141-145 CDADC
26-30 BABAA	86-90 ACADB	146-150 CAACB
31-35 BAAAB	91-95 AACBB	151-155 BABCA
36-40 ABBAB	96-100 AABAC	156-160 ABBCA
41-45 BABBB	101-105 ADBBB	161-165 BCCAB
46-50 AAABB	106-110 CACAA	166-170 ABACA
51-55 AAABB	111-115 BCACC	171-175 BACBB
56-60 AAABB	116-120 ABBDD	176 B

第九章 建筑施工现场的防火防爆

1-5 AABBA	21-25 ABAAB	41-45 ABAAA
6-10 AABBA	26-30 AABAB	46-50 BBBAA
11-15 ABABA	31-35 ABBBA	51-55 BABAA
16-20 AABBB	36-40 ABABA	56-60 ABABA

61-65 ABBAA
66-70 ABAAB
71-75 BABAB
76-80 AABBA
81-85 BAAAB
86-90 BAABD
91-95 BADBA
96-100 BDCAA
101-105 ABBAA
106-110 BBABC
111-115 CAABB
116-120 DACCB
121-125 ACBBC
126-130 ABCAB
131-135 BADBC
136-140 CACBC
141-145 AACAD

146-150 BACDA
151-155 BABBA
156-160 ABBAD
161-165 ADDAB
166-170 ADACC
171-175 AACBA
176-180 CABDA
181-185 BCCAB
186-190 ACBCA
191-195 ACAAB
196-200 CACCB
201-205 BBAAC
206-210 BACAC
211-215 AACCD
216-220 BCDBC
221-225 BDBDC
226-230 DBDDD

231-235 BBCCC
236-240 CCDBC
241-245 BABBC
246-250 CCCDD
251-255 BABBA
256-260 ABABB
261-265 ABABA
266-270 ABAAB
271-275 BAAAA
276-280 BBBAB
281-285 BBBAA
286-290 ABAAA
291-295 ABAAB
296-300 ABBAB
301-305 AAABB
306-310 BAAAB
311-313 BAA

第十章 拆除工程

1-5 ABAAB
6-10 ABAAA
11-15 BAABA
16-20 BBAAB
21-25 AABBA
26-30 BABBA
31-35 ABBAA
36-40 BAABB
41-45 AABBA
46-50 ABABB
51-55 BBAAA
56-60 BBAAB
61-65 BABAA
66-70 BBABB
71-75 BAABA

76-80 ABBAA
81-85 ABBAA
86-90 BABAB
91-95 AABBA
96-100 ABBAA
101-105 BABAA
106-110 BABAB
111-115 AACBC
116-120 AACBC
121-125 ABCCA
126-130 BAACA
131-135 ABCBC
136-140 ABAAB
141-145 ABCBA
146-150 BABBA

151-155 ACBAA
156-160 CBABA
161-165 ABCCC
166-170 BAAAB
171-175 ABBAB
176-180 CAABC
181-185 BCACC
186-190 ACBCC
191-195 BABCC
196-200 DCABA
201-205 CCBBB
206-210 CDCCB
211-212 AB

第十一章 建筑施工主要防护用品

1-5 ABBBB
6-10 BBABA
11-15 ABABA

16-20 AAAAA
21-25 AAAAA
26-30 ABBAA

31-35 AAAAA
36-40 AAAAA
41-45 AAAAA

181

46-50 AABAB
51-55 ABBBB
56-60 AABBA
61-65 AABAB
66-70 AAABA
71-75 BAAAB
76-80 BBAAA
81-85 AAAAB
86-90 ABBBA
91-95 AAAAB
96-100 BAAAA
101-105 BAABB
106-110 AAAAB
111-115 AABAA
116-120 ABABA
121-125 AABAA

126-130 AAAAA
131-135 AAAAB
136-140 BAAAA
141-145 AAAAA
146-150 ABBBB
151-155 ABCCA
156-160 AADAB
161-165 BCADD
166-170 ABADC
171-175 ACDAB
176-180 DABAA
181-185 ADABA
186-190 CCADA
191-195 ABABA
196-200 CDADA
201-205 CADCC

206-210 BDAAD
211-215 AABCA
216-220 DBDBC
221-225 ADAAB
226-230 DAACB
231-235 AAABC
236-240 DCDDA
241-245 BCAAD
246-250 CCADA
251-255 CDBDB
256-260 BDAAA
261-265 ACBBB
266-270 ACDAB
271-275 CCCCB
276-280 BBACB
281 B